Jakobswege in Nordspanien

N
W O
S

FRANKREICH

Vicente
Barquera
Santander
Laredo

Donostia-
San Sebastian
Bayonne

ANTABRIEN

Bilbao
Gernika
Irun

BASKENLAND

Saint-Jean-Pied-de-Port

Roncesvalles

Pamplona

Puente la Reina

Somport

KASTILIEN

Jaca

Burgos
Santo Domingo
de la Calzada
Logroño

NAVARRA

ARAGÓN

mista

RIOJA

SPANIEN

0 km   50 km   100 km   150 km

W0180012

Wohin die Sehnsucht mich trägt

Beate Suckow

Wohin die
Sehnsucht
mich trägt

Als Diabetikerin allein auf dem Jakobsweg

benno

Für meinen Sohn Florian – du kannst es –
und meinen Mann – danke für deine geduldige
Unterstützung.

Viel Freude hat mir die konstruktive Zusammenarbeit mit dem St. Benno-Verlag
bereitet, dafür gilt mein Dank den beteiligten Mitarbeiterinnen und Mitarbeitern,
ganz besonders Frau Strehle, die mich durch diese aufregende Zeit begleitet hat.

Bibliografische Information der Deutschen Nationalbibliothek
Die Deutsche Nationalbibliothek verzeichnet diese Publikation
in der Deutschen Nationalbibliografie;
detaillierte bibliografische Daten sind im Internet über http://dnb.d-nb.de
abrufbar.

Besuchen Sie uns im Internet unter:
www.st-benno.de

ISBN 978-3-7462-3158-7

© St. Benno-Verlag GmbH
Stammerstr. 11, 04159 Leipzig
Umschlaggestaltung: Ulrike Vetter, Leipzig
Umschlagabbildung: © Beate Suckow,
                 © Klaus Botterbusch/Fotolia.de (unten)
Alle Fotos im Innenteil: © Beate Suckow
Gesamtherstellung: Kontext, Lemsel (A)

Inhalt

Vorwort
Zufälle

Begegnungen und Zufälle – sie beinhalten das Potential, unserem Leben eine andere Richtung zu geben, Schicksal zu spielen.

Meine Gedanken wandern zum Jakobsweg, den ich 2008 zum zweiten Mal gegangen bin. Gerade überarbeite ich mein Reisetagebuch. Wie oft haben hier Zufälle und Begegnungen für die vielen kleinen Happy Ends am Wegrand gesorgt.

Dieses Wochenende bin ich bei einem Qi-Gong-Kurs in München. In der zweiten Reihe ist unter den vielen Teilnehmenden noch ein Platz frei – rundherum ist bereits alles belegt. Gelächter – irritiert blicke ich mich um. „Spüre mal hin, wie der Platz sich für dich anfühlt", rät mir meine Freundin, „da sind schon zwei Leute vor dir gesessen." Ich weiß nicht, warum die den Platz gewechselt haben, hier sitze ich genau richtig. Vor der Mittagspause fängt mein Magen an zu knurren, ausnahmsweise beschließe ich, mittags in ein Lokal zu gehen. Meine Freundin empfiehlt mir einen Italiener. „Ich bin total hungrig, darf ich dich begleiten?" Ich drehe mich um, die Dame, die hinter mir sitzt, wirkt sympathisch. „Gerne, dann machen wir uns auf den Weg, vorstellen können wir uns später." Sie ist das erste Mal bei einem Münchner Seminar dabei. Auf dem Rückweg nach Berlin von einem Kongress hat sie sich entschlossen teilzunehmen. Für die Speisekarte braucht sie eine Brille. „Du bist weitsichtig?" „Eigentlich ja", beantwortet sie meine Frage, „aber vor ein paar Wochen habe ich morgens plötzlich auf der anderen Straßenseite nichts mehr sehen können." Der Augenarzt hat nichts gefunden und ihr eine Gleitsichtbrille empfohlen. Ja, sie hat großen Durst. Nein, Blut wurde noch nicht untersucht, warum? „Nun ja", drücke ich mich vorsichtig aus, „könnte ja eine hormonelle Sache dahinter stehen." Was ich genau damit meine? „Bei der Symptomatik muss Diabetes ausgeschlossen werden", drücke ich mich vorsichtig aus. Erschrockene Augen sehen mich an. „Ich habe mein Blutzuckermessgerät dabei", biete ich an. Nach dem Essen messen wir – Höchstwert zeigt das Display an, ein Wert über 500. Kurze Zeit später ist sie auf dem Weg ins Krankenhaus. Abends besuche ich sie auf der Intensivstation und spreche ihr Mut zu.

„Das sollten Sie besser nicht mehr machen" – diesen Ratschlägen bin ich nicht gefolgt.

„Alles ist mit der Diagnose Diabetes Typ 1 möglich – du musst dich nur auskennen, wissen, wie in welchen Situationen zu reagieren ist. Und dann kannst du auch den Jakobsweg allein gehen – oder was immer dein Wunsch ist." Sie atmet erleichtert auf, das hört sich doch anders an als das, was sie die letzten Stunden gehört hat.

Wie hilfreich wäre für mich vor zehn Jahren jemand gewesen, der mir Mut gemacht hätte.

Morgen, verspreche ich ihr, werde ich ihr Unterlagen und

Bücher zukommen lassen. Und sie kann mich jederzeit anrufen.

„Jede Situation, die anders ist als unser Alltag, ist ein Abenteuer", lautet die Definition des Weltumfahrers und Psychiaters Bertrand Piccard. Die Diagnose Diabetes stellt den Alltag auf den Kopf, und ich kann nur jedem Mut zusprechen, sich auf dieses Abenteuer einzulassen. Mit Wissen öffnet sich die Tür zu neuer Freiheit, und man kann sich vieles, was verloren scheint, zurückerobern.

Zufällige Begegnungen – achtsam sein, wie oft lassen wir Chancen in der Hektik des Alltags ungenutzt vorbeiziehen.

Gottes Stimme äußert sich in plötzlichen Ideen, in Eingebungen, Zufällen und Träumen. Ignorieren oder zuhören, ich habe die Wahl, und ich muss die Konsequenzen tragen.

Wie oft bin ich schon zum richtigen Zeitpunkt am richtigen Ort gewesen, den richtigen Menschen begegnet, habe auf sonderbaren Wegen wichtige Informationen bekommen und Unterstützung und Hilfe auch von Fremden erhalten – dafür gilt allen Beteiligten mein Dank.

Mein besonderer Dank gilt meiner Freundin Marianne; dadurch, dass sie sich ihren Fuß gebrochen hat, sind Kontakte entstanden, die die Veröffentlichung dieses Buches ermöglichten.

Möge dein Weg dir freundlich entgegenkommen,
Wind dir den Rücken stärken,
Sonnenschein deinem Gesicht viel Glanz
und Wärme geben.
Der Regen möge deine Felder tränken,
und bis wir uns wiedersehen,
möge Gott seine schützende Hand über dir halten.

Altirischer Reisesegen

Aufbruch

Wilde Küste

Guadalupe,
Gott wartet am Wegrand

Beruhigend zu wissen –
„nur" 795 km

„El Caballo"

Freitag, 25.04.

Es geht los

Langsam verschwindet München unter mir. Um mich herum spanische Arbeiter auf dem Weg nach Hause. Einige Worte verstehe ich, aber der Inhalt der Gespräche bleibt mir verborgen, habe ich doch erst vor kurzem angefangen, Spanisch zu lernen. Ich bin mir sicher, das wird sich schnell ändern.

Meine Gedanken wandern zurück.

Vor zehn Jahren erzählte mir eine Freundin von ihrem Vorhaben, den Jakobsweg zu gehen. Ich hatte noch nie zuvor davon gehört, aber die Art, wie sie den Namen Jakobsweg aussprach, machte mich neugierig, und spontan beschloss ich mitzugehen. Zögerliche Blicke. Ach, sie hat schon Begleitung? Nein, bisher war keiner zu finden, der Lust hätte, 800 km zu Fuß zu gehen. Nun, ich schon. Einige Monate später war ich das erste Mal auf dem Camino Francese unterwegs – von Roncesvalles nach Santiago de Compostela.

Als ich damals von dem Vorhaben erzählte, kam immer die gleiche Frage: Jakobsweg – was ist denn das? Zwischenzeitlich ist der Weg in aller Munde. Danach gefragt, ob ich mir das nochmals „antun" würde, antwortete ich spontan, ja, in zehn Jahren, aber dann allein.

Dann geriet vor acht Jahren mit der Diagnose Diabetes

Typ 1 meine Welt ins Schwanken. Nichts war mehr wie vorher, und all das, was ich gerne machte – so wurde mir von vielen Seiten zu verstehen gegeben – war nicht mehr selbstverständlich. Und häufige Unterzuckerungen ließen es lange Zeit so scheinen, als ob ich meinen Traum nicht verwirklichen könnte. Vor einem Jahr bin ich dann „zufällig" an den richtigen Arzt geraten, der mir mit den Worten „Es geht nicht darum, das Leben an eine Therapie, sondern die Therapie dem Leben anzupassen" eine Insulinpumpe nahelegte. Fast wäre ich ihm vor Erleichterung um den Hals gefallen. Den Wunsch, diese Therapieform auszuprobieren, hatte ich wegen schwerer nächtlicher Hypoglykämien schon länger. Im Schlaf von niedrigen Zuckerwerten überrascht, bin ich oft nicht wach geworden. Morgens dann Kopf- und Muskelschmerzen und ein Gefühl, wie wenn ich am Abend zuvor viel zu viel Alkohol getrunken hätte. Oder ich bin schweißgebadet mit Muskelkrämpfen aufgewacht. Von einer Insulinpumpe versprach ich mir endlich wieder erholsamen Schlaf und Verbesserung meiner Lebensqualität. Aber kurze Zeit vorher war mir das erst verwehrt worden, stattdessen sollte ich Veränderungen mit der Dosierung des Insulins vornehmen – die daraus resultierenden Entgleisungen meines Blutzuckerspiegels wurden mit fehlender Mitarbeit abgetan. Wenn … dann – so stellte ich mir die Zusammenarbeit mit einem Arzt nicht vor. Nun durfte ich erleben, dass es auch anders geht und dass ich so, wie ich bin, angenommen wurde.

Die Insulinpumpentherapie ermöglichte mir ein Stück Rückkehr in meine alte, aber veränderte Welt. Und endlich wieder erholsame Nächte.

Und nun etwas aus der Wunderwelt der Technik

Eine Insulinpumpe ist ein kleiner ca. 100 g schwerer, zigarettenschachtelgroßer Computer, der die Funktion einer gesunden Bauchspeicheldrüse zum großen Teil nachahmen kann. Über die Insulinpumpe wird dem Körper ein schnell wirkendes Insulin zugeführt, als sogenannte Basalrate ständig in kleinen Mengen – damit wird die Stabilisierung des Blutzuckers in den Nüchternphasen gewährleistet. Zusätzlich wird auf Abruf ein für Mahlzeiten berechnetes Insulin (Bolus) abgegeben, das an die Menge der zugeführten Kohlenhydrate und an den individuellen Insulinbedarf angepasst ist. Damit wird, bei richtiger Anwendung, weitgehend die Funktion einer gesunden Bauchspeicheldrüse nachgeahmt. Das basale Insulin wird bei Bedarf an die körperliche Belastungssituation angepasst und ist dann korrekt gewählt, wenn der Blutzucker unter Nüchternbedingungen stabil bleibt. Insulin wird in ein Reservoir aufgezogen, das in die Pumpe eingelegt wird, und über einen Katheder in das Unterhautfettgewebe abgegeben. Der Katheder muss jeden zweiten bis dritten Tag gewechselt werden, und das ins Reservoir aufgezogene Insulin reicht bei mir normalerweise drei bis vier Tage.

Voraussetzung für diese Therapieform ist die Bereitschaft, sich engagiert mit der Erkrankung auseinanderzusetzen. In einer Schulung, die sich über einen längeren Zeitraum erstreckt, wird die richtige Anwendung der Insulinpumpe eingeübt.
(Nach „Die Insulinpumpentherapie im Alltag", Kirchheim Verlag)

Diabetes – was ist das eigentlich?

Es gibt mehrere Formen von Diabetes.

Zum einen Diabetes Typ 1, an dem ich erkrankt bin, wo das eigene Immunsystem die insulinproduzierenden Zellen zerstört. Als Folge muss Insulin zugeführt werden. Um zu verhindern, dass das Insulin als Eiweiß vom Magen verstoffwechselt wird, wird das Hormon ins Unterhautfettgewebe gespritzt, von wo aus es ins Blut übergeht. Als Ursache für die Erkrankung werden unter anderem Virusinfektionen in Betracht gezogen.

Aus meinem Verständnis spielt auch die Psyche eine große Rolle, wenn das Immunsystem durcheinandergerät.

Bei Diabetes Typ 2 liegt eine Unempfindlichkeit der Körperzellen für Insulin vor. Als Folge muss die Bauchspeicheldrüse immer mehr Insulin produzieren, bis die Zellen erschöpft sind. Ursache sind häufig Übergewicht, Mangel an Bewegung und falsche Ernährung. Eine Änderung der Lebensgewohnheiten kann hier viel bewirken.

Daneben gibt es noch einige Sonderformen, wo andere hormonelle Erkrankungen oder Krebs die Ursache sind.

Es war nicht zu übersehen, dass der Arzt über mein Vorhaben, den Jakobsweg allein zu gehen, besorgt war, ist ein Diabetiker im Falle einer schweren Unterzuckerung doch auf Fremdhilfe angewiesen. Er beruhigte sich damit, dass ich ja nicht allein unterwegs sein würde, schließlich gehen den Weg jetzt viele Leute. Aber da musste ich ihn enttäuschen, die von mir gewählte Route entlang des Atlantiks war nicht so überlaufen wie der französische Weg. Und ich rechnete damit, dass im April und Mai nur wenige Pilger unterwegs sein würden. Für alle Fälle hatte ich in mein kleines Wörterbuch das wichtigste Diabetesvokabular aufgeschrieben und einen Notfallausweis in spanischer Sprache dabei.
Aber wollte ich in von einem Arzt behandelt werden, der sich bei so einem Vorhaben keine Gedanken machte? Diese Frage musste ich verneinen. Immerhin geht es um mich, darum, das es mir trotz Krankheit gut geht, dass ich aus meinem Leben etwas machen kann. Und dazu gehört auch, dass ich mir meine Träume erfülle. Bei so etwas Wichtigem will ich genauso wenig von jemandem begleitet werden, dem ich egal bin, wie von jemandem, der mich mit „Wenn du nicht das tust, was ich dir sage, dann …" unter Druck setzt. Ich und meine Ansprüche!
Ich musste meine genaue Vorstellung nur loslassen, dann fügten sich die Dinge von allein, viel besser als ich es je für

mich planen konnte. Ich dachte an den „Zufall" zurück, der mich zu einem Zeitpunkt tiefer Verzweiflung zu diesem Diabetologen in die Praxis geführt hatte; meine Frage an den Heilpraktiker, von dem ich mich klassisch homöopathisch behandeln ließ, ob er nicht einen Arzt kennt, der sich sowohl in Sachen Diabetes wie auch Schilddrüse auskennt. Nun ja, bekam ich zur Antwort, er kann seinen besten Freund fragen, der Arzt ist. So fing alles an, sich in die richtige Richtung zu bewegen.

Auch mein Mann hatte ein mulmiges Gefühl, als er mich zum Abschied in den Arm genommen hat. Ich beruhigte ihn mit meinen Vorbereitungen, angefangen von sechs Tagen Bergwandern und Ermitteln der erforderlichen Basalrate, bis dahin, dass ich mir angewöhnt hatte, in der rechten Jackentasche Traubenzucker griffbereit zu haben und in der linken Tasche das Blutzuckermessgerät, damit ohne Nachdenken ein Automatismus entsteht, der mir bei Unterzuckerungen zugutekommen sollte.

Von einer Hypoglykämie wird gesprochen, wenn der Blutzucker unter 60 mg absinkt. Anfangs hatten sich die Unterzuckerungen mit Blässe, Schweißausbruch, Zittern, schnellem Puls und Heißhunger angekündigt. Nachdem mir das häufiger passiert war, hatte sich mein Körper daran gewöhnt, und die Symptome, die mich warnten, waren nicht mehr so ausgeprägt. Heute bekam ich vor allem Konzentrationsprobleme. Dann konnte ich selbst einfache Rechenaufgaben nicht mehr lösen. Gott sei Dank kam ich nur noch selten in so eine Situation. Mit ein paar Traubenzuckerplättchen war das Problem schnell behoben – aber ich musste ihn finden. Nachdem körperliche Anstrengung den Insulinbedarf deutlich verringert und die Durchlässigkeit der Zellen für Insulin erhöht, war mir klar, dass der Griff zum Traubenzucker öfters erforderlich sein würde. Aber ich war mir sicher, dass ich das im Griff hatte.

Ich blättere in meinem Führer und lese, wo in Irun die Pilgerherberge zu finden ist, und über die erste Etappe nach San Sebastian – in meinem Magen kribbelt es – morgen würde ich auf dieser Strecke unterwegs sein.

Das Brummen der Flugzeugmotoren wirkt einschläfernd. Irgendwann gibt es einen Happen zu essen. Gut für mich. Heute morgen hatte ich keinen Hunger. Aber kaum bin ich unterwegs und sitze im Flugzeug oder im Zug oder wo immer, dann kommt der Appetit, und ich kann essen, essen, essen!

Langsam verlieren wir an Höhe und kurze Zeit später sind wir gelandet.

Auf dem Weg mit dem Flughafentransfer zum Busbahnhof ein Blick auf das futuristische Guggenheim-Museum.

In ein paar Tagen würde ich hier wieder vorbeikommen!

Im Bus nach San Sebastian ein netter Spanier, er telefoniert mit Freunden und findet heraus, dass ich am besten mit dem Nahverkehrszug weiter nach Irun komme. Auch den Weg zum Bahnhof zeigt er mir. Dank der freundlichen Hilfe erreiche ich die Pilgerherberge, die in einer Wohnung untergebracht ist, spät am Abend. Die Herbergsmutter reicht mir

ein paar Kekse und frische Milch. Ich darf mir eine Jakobs-
muschel aussuchen und befestige sie an meinem Rucksack
neben dem kleinen Stoffhund, den ich von meinen Kindern
und der Freundin meines ältesten Sohnes geschenkt bekommen habe, damit ich nicht so allein bin – jetzt fühle ich mich
als richtige Pilgerin.
Den Schlafraum teile ich mir mit zwei Pilgern. Das Schnarch-
konzert, das sie veranstalten, raubt mir meinen Schlaf. Die
Ohrenstöpsel sind irgendwo im Rucksack verstaut, aber um
diese späte Zeit mag ich die Ruhe der Zwei nicht stören.

Samstag, 26.04.

Mein erster Tag unterwegs

Morgens erwache ich mit Kopfschmerzen, ich habe nur wenig geschlafen.

Leise verlasse ich mein Quartier und mache mich auf den Weg nach Hondarribia. Der Umweg in das Fischerdorf belohnt mich mit einem Sonnenaufgang am Meer. Die Sonnenstrahlen funkeln im Meer. Eine gepflasterte Straße führt in die gut erhaltene Altstadt, vorbei am luxuriösen Parador-Hotel.

Das Frühstück fällt aus, wie kann ich um diese Stunde auf eine geöffnete Bar hoffen?

Ein Kreuzgang führt bergauf zum Marienheiligtum Guadalupe. Ein Sonnenstrahl fällt auf ein großes Kreuz – Gott wartet am Wegrand, du musst ihn nur sehen. Ich stelle eine Kerze für meinen Sohn auf – gestern hat er seine erste Abiturprüfung geschrieben.

Der Weg führt mich von der Küste auf den Jaizkibel, einen 550 Meter hohen Berg. Von hier habe ich eine herrliche Aussicht. Kurze Zeit später ereilt mich mein erstes Missgeschick – ich habe die Basalrate auf 50 % zu weit abgesenkt, meine Zuckerwerte steigen an. Ich programmiere meine Pumpe auf zwei Einheiten Insulinabgabe und erhöhe die Basalrate auf 70 %. Durch die hohen Zuckerwerte habe ich großen Durst und mein Wasservorrat ist schnell erschöpft. Mein Herz rast, mir ist schwindlig und jeder Schritt ist anstrengend. Außerdem verspüre ich Müdigkeit und Übelkeit. Weit und breit keine Häuser. Zwei entgegenkommende spanische Wanderer helfen mir mit Wasser aus. Sie erzählen von ihren Erfahrungen vor zwei Jahren auf dem Via del la Prata von Sevilla nach Santiago. Eine Stunde später messe ich erneut meinen Blutzucker – er ist weiter auf 248 gestiegen. Ein erneuter Versuch mit sechs Einheiten Insulin. Hoffentlich klappt es jetzt, meine Werte in den Normbereich zu bekommen. Bei dem hohen Blutzuckerwert reichern sich im Blut Säuren an, die wiederum das Insulin nur ungenügend wirken lassen. Normalerweise sollte ich mich jetzt nicht körperlich anstrengen – das bewirkt bei Insulinmangel einen weiteren Anstieg der Werte. Das ist die Theorie. Die Praxis sieht anders aus – weit und breit ist nichts, und mir bleibt nichts anderes übrig als weiterzugehen. Aber wenigstens ist erst mal mein Durst gestillt.

Einige Kilometer später entdecke ich ein Lokal und ich kann Hunger und Durst stillen. Ich schätze den Kohlenhydratanteil des Essens auf viereinhalb Broteinheiten. Pro Broteinheit brauche ich um diese Zeit 1,2 Einheiten Insulin. Ich stelle meine Pumpe auf fünfeinhalb Einheiten Insulinabgabe ein. Das von mir verwendete Analoginsulin ist ein gentechnisch verändertes Insulin. Die Wirksamkeit tritt 15 Minuten nach dem Spritzen ein und dauert bis zwei Stunden an. Durch den schnellen Eintritt der Wirkung kann mit Analoginsulin auch erst gegessen und dann gespritzt werden. Während des Wirkungsmaximums die nächsten eineinhalb Stunden ist es besser, wenn ich Pause mache – sonst könnte es passieren, dass meine Blutzuckerwerte durch die Anstrengung nach unten absacken. Wie einfach war das vor zehn Jahren auf dem Jakobsweg – damals drehte sich alles darum: wo gibt es etwas zu essen und zu trinken, wo schlafe ich, wo kann ich mich und meine Sachen waschen. Heute stehen meine Blutzuckerwerte im Mittelpunkt. Alles andere ist nicht so wichtig und würde sich schon irgendwie ergeben. Ich war zuversichtlich, dass ich von Tag zu Tag mehr Routine bekommen würde.

Aus der Ferne sehe ich rechter Hand immer wieder das Meer, das sollte die nächsten 600 km so bleiben. Mit einer Fähre setze ich die 100 Meter über die Bucht von Pasaia über. Kurz darauf überrascht mich ein einsamer Küstenwanderweg. Die letzten Kilometer vor San Sebastian eröffnen sich mir an der Steilküste schöne Ausblicke auf den Atlantik. Langsam merke ich die Anstrengung, meine Beine werden müde und meine Schultern schmerzen von der ungewohnten Last. Immerhin bin ich schon fast 30 km unterwegs. Die Sonne brennt vom Himmel und es gibt nur wenig Schatten. Der Weg scheint kein Ende zu nehmen. Am Abend tauchen dann endlich die ersten Häuser vor mir auf. Der Weg zur Jugendherberge führt über einen langen Sandstrand. Ich ziehe meine Schuhe aus und gehe das letzte Stück barfuß. Der weiche Sand ist angenehm und das Meerwasser spült das Brennen meiner Fußsohlen fort. Kurz darauf habe ich mein Quartier erreicht. Gegen Vorlage des Pilgerausweises bekomme ich in der Jugendherberge Rabatt. Obwohl ich so erschöpft bin, raffe ich mich noch auf einzukaufen. Ich besorge Getränke und Obst für das Frühstück. Im Vorbeigehen trinke ich in einer Bar ein Glas Rotwein. Jetzt habe ich die richtige Bettschwere.

Diese Nacht ist erholsam, ich schlafe gut und werde nur zweimal durch Wadenkrämpfe wach. Durch die hohen Werte gestern hat mein Körper zu viele Mineralien verloren. Leider habe ich ein Mineralstoffpräparat zu Hause vergessen. Das gibt es hier sicherlich in einer Apotheke zu kaufen – vorausgesetzt, ich komme zu den Öffnungszeiten an einer vorbei. Die Basalrate lasse ich nachts auf 100 % laufen.

Sonntag, 27.04.

Auf zum zweiten Tag

Nach dem Aufwachen ein Blutzuckerwert von 66, eine gute Basis für die vor mir liegenden Strapazen. Ich versuche es erneut mit einer Basalratenabsenkung auf 50 %, am zweiten Tag ist der Insulinbedarf normalerweise noch geringer.

Das Auf und Ab zwischen Steilküste und Strand beschert mir auch diesen Tag unendlich Höhenmeter – ich schätze ca. 1.500. Dass das bis Bilbao so bleiben wird, ahne ich Gott sei Dank noch nicht. Nachmittags am Strand gönne ich meinen Füßen wieder Meerwasser. Bei einem Stück Schokoladenkuchen und einer heißen Schokolade versuche ich der ersten Wasserblase am Großzehenballen mit Tapepflaster Einhalt zu gebieten – leider erfolglos. Dafür ist Spaniens heiße Schokolade ein Gedicht!

In Zumaia bekomme ich auf Nachfrage für das Zimmer über der Bar Pilgerrabatt. Nach einigen Tapas und vino tinto verlasse ich beschwipst die Bar und mache mich auf den Weg zu meinen abendlichen Verpflichtungen – Wäsche waschen und heute Katheder und Reservoir wechseln. Bin ich müde, die Fußsohlen brennen, und ich kann vor Muskelkater kaum die Treppen hochsteigen. Höchste Zeit, dass ich mich mit dem homöopathischen Mittel Arnica dope. Heute waren meine Werte tagsüber im grünen Bereich, zwischen

51 und 141, nur das Einschätzen des Rotweins klappt noch nicht, also spät abends und morgens erhöhte Werte um die 200. Das werde ich auch noch in den Griff kriegen, denn eins ist sicher – auf den Rotwein werde ich nicht verzichten. Rotwein ist Pilgernahrung!

Traumhafter Sandstrand

Montag, 28.04.

Unter Polizeischutz

Wo bin ich heute Morgen nur mit meinen Gedanken? Ich lasse den Schlüssel im Zimmer liegen und ziehe die Haustüre hinter mir zu. Wo sind meine Wanderstöcke? Im Zimmer vergessen. Was mache ich jetzt? Vor 10 Uhr öffnet die Bar nicht. Da erinnere ich mich, dass der Besitzer davon gesprochen hat, dass noch zwei deutsche Pilgerinnen hier Quartier bezogen haben. Auf mein Rufen steckt eine Frau ihren Kopf aus dem Fenster und öffnet mir die Haustüre. So, jetzt kann ich aufbrechen.

Heute regnet es – es ist schwierig, das Regencape alleine über den Rucksack zu ziehen.

Der dritte Tag ist der anstrengendste, es geht nur steil bergauf und steil bergab, immer wieder auf rutschigen Betonpisten. An einer Tankstelle kurz vor Markina kann ich mir etwas zu trinken kaufen, und der letzte Kilometer in die Stadt kommt mir vor wie eine Ewigkeit. Auf dem Weg in den Ort werde ich von einem Polizeiauto überholt. Kurz darauf kehrt es um und fährt wieder ganz langsam an mir vorbei. Die Polizisten winken mir zu, ich winke zurück. Jetzt wissen sie, dass alles in Ordnung ist – heute Abend habe ich mein Ziel also unter Polizeischutz erreicht.

Die Kirche San Miguel de Aretxinaga hat noch geöffnet. Ich

genieße die Stille und den Blick auf den aus drei großen Fels-
blöcken bestehenden Altar.

Auf dem weiteren Weg in die Stadt frage ich eine ältere
Dame nach einer Herberge. Sie bringt mich zum Kloster
der Karmeliterinnen. Auf unser Klopfen bleibt die Pforte
zur Empörung der Spanierin geschlossen. Auf dem Weg zu
einer privaten Zimmervermietung erzählt sie jedem, dass
ich eine deutsche Pilgerin auf dem Weg nach Santiago bin.
Nachdem das mit dem Zimmer geklappt hat, führt die Frau
mich zum Supermarkt und wieder zurück zum Zimmer.
Herzlich bedanke ich mich bei ihr – sie strahlt mich an. Die
nächsten Tage wird sie jedem erzählen, dass sie einer deutschen Pilgerin geholfen hat. Das wird ihr die Möglichkeit
geben, in ein Gefühl von Wichtigkeit einzutauchen.

Vom Leben anderer leben, anstatt das eigene Leben mit Le-
bendigkeit zu füllen – ein Problem unserer Zeit, tauchen wir
doch im Fernseh- und Computerzeitalter tagtäglich in eine
Scheinwelt ein, mit der wir unsere eigene innere Leere füllen
und unsere Probleme vergessen wollen. Anstatt den Mut zu
haben, unsere Träume zu verwirklichen und in guten Tagen Licht anzusammeln, das uns auch in schlechten Tagen
leuchtet.

Dann doch lieber wie die nette Dame, die sich sofort hilfsbereit meines Problems angenommen hat. Die Basken habe
ich bisher als sehr freundliches und entgegenkommendes
Völkchen erlebt.

In der Wohnung werde ich von der Vermieterin mit Worten überfallen, sie erzählt und erzählt und erzählt, an einer Antwort ist sie nicht interessiert. Wie ein Maschinengewehr rattattarattattarattatta. Ich bin total müde und irgendwie gelingt es mir, ihren Wortschwall abzuwürgen. Ein Blick in den Spiegel und ich verstehe, warum die Polizei umgekehrt ist – schau ich fertig aus, blass, überanstrengt mit dunklen Augenringen! Zum Abendessen etwas Käse und Rotwein, viel zu wenig, aber mehr bringe ich nicht runter, ich bin sogar zu erschöpft zum Essen.

Meinen Mann angerufen ♥.

Nachts um zwei Uhr gehe ich auf die Toilette, das „Maschinengewehr" steht in der Küche beim Marmelade-Kochen und überfällt mich damit, wie fleißig sie ist, was sie alles macht, und von wegen als Frau allein den Jakobsweg gehen rattattarattattarattatta. Dass Menschen, die nichts zu erzählen haben, immer so viel reden!

Dienstag, 29.04.

Gibt es auch noch etwas anderes als Dreck?

Ich erwache zittrig und mit Kopfschmerzen – bei einem Wert von 38 kein Wunder. Kommende Nacht ist eine Basalratenabsenkung einen Versuch wert. Das Bad ist von einem Pilger belegt, keine Chance, das abwarten zu können, also verlege ich meine Morgentoilette in die freie Natur. Die Erdbeeren, die ich mir gestern gekauft habe, lasse ich stehen, ich habe einfach keinen Hunger. Trotzdem muss ich bei den niedrigen Werten eine Kleinigkeit essen und zwinge mich zu zwei Müsliriegeln. Auf dem Weg zum Kloster Cenarruza wate ich durch tiefen Matsch; mit etwas Geschick kann ich verhindern, dass mir der Dreck oben in die Schuhe reinläuft. Zwei Stunden nach meinem Aufbruch stolpere ich über meine eigenen Füße, und ich spüre Stiche im Herzen. Alarmiert messe ich meinen Blutzucker – nur noch 34 mg. Nach vier Traubenzuckerplättchen und einem Müsliriegel kann ich 15 Minuten später weitergehen. Ich entscheide mich gegen eine weitere Basalratenabsenkung. Die Gefahr von hohen Werten und die damit verbundene Schwäche ist mir zu groß. Dann lieber, falls erforderlich, nochmals einen Müsliriegel.

Im Kloster gibt es seitlich einen Marienaltar, hier sind große Kerzen angezündet. Ich suche, wo ich eine Kerze kaufen kann. Die nächste Abiturprüfung im Leistungskurs meines

Sohnes steht an. Vor der Kirche treffe ich auf einen Mönch in blauer Handwerkerkleidung; er strahlt die gleiche Heiterkeit und Zeitlosigkeit aus, die auch dieser schöne Ort besitzt. Auf mein Nachfragen geht er freundlich eine Kerze holen. Als der Mönch zurückkommt, strahle ich ihn an, deute auf die Kerze und sage, dass das wichtig ist. Er lächelt zurück. Wie schön, anstelle der üblichen elektrischen Lichter kann ich vor dem Altar eine richtige Kerze anzünden.

Obwohl es noch früh am Tag ist, gibt es nebenan in der „Albergue" (spanisch für „Herberge") frisch ausgepressten Orangensaft und Tortilla mit Chorizo, eine scharfe, typisch spanische Paprikawurst mit viel Knoblauch.

Der Weg ist schlecht markiert, und mein Buch verwechselt manchmal links und rechts, kein Wunder, dass ich mich wieder einmal verlaufe. Den Berg wieder 2 km hoch und dann die richtige Abzweigung nehmen, 4 km bedeuten einen Umweg von über einer Stunde. Abends in Gernika hat die Pilgerherberge geschlossen. Unter der angegebenen Telefonnummer ist niemand zu erreichen. Die Leute erlebe ich hier verhaltener und nicht so hilfsbereit wie bisher. Sogar die Hunde sind aggressiver. Kein Wunder, Gernika ist Sitz der baskischen Freiheitsbewegung. Auf dem Weg zum Hotel kaufe ich Abendessen ein. Nach der Schlammschlacht heute ist große Wäsche angesagt. Ich freue mich schon auf das Telefonat mit meiner Familie ♥. Unter der Dusche muss ich feststellen, dass sie kaputt ist. Seufzend nochmals die Treppen runter an die Rezeption und Umzug in ein anderes Zimmer.

Der Rotwein verleiht mir langsam die nötige Bettschwere; nach dieser „Medizin" sind meine brennenden Fußsohlen, die Wasserblasen und die schmerzenden Fußgewölbe und Schultern viel leichter auszuhalten. Außerdem ändere ich meine Wasserblasentaktik. Anstatt zu tapen, trage ich auf die reibenden Stellen Wasserblasenpflaster auf, mal sehen, ob das von mehr Erfolg gekrönt ist.

Mittwoch, 30.04.

Armer schwarzer Kater
oder wie transformiere ich Selbstmitleid

Vor mir auf der Straße zwei Pilger, vermutlich ein Ehepaar. Die Zwei tragen wesentlich leichtere Rucksäcke als ich und gehen flotten Schrittes dahin. Dass mein Rucksack auch so schwer ist! Obwohl ich nur das Notwendigste dabeihabe, wiegt er fast 13 kg. Die 4 ½ kg Insulinpumpenzubehör, die ich gut verpackt in Plastikbehältern mit mir trage, scheinen auf einmal einen Zentner zu wiegen. Ich Arme! Wenn ich doch auch nur so einen leichten Rucksack hätte, dann müsste ich nicht so schwer tragen, und alles wäre viel einfacher! Ich suhle mich regelrecht in Selbstmitleid. Kurz darauf kommt mir eine Frau im Rollstuhl entgegen, sie hat nur ein Bein. Auf mein Hola grüßt sie freundlich zurück. So hat jeder seine Last zu tragen.

„Ich weinte, weil ich keine Schuhe hatte, bis ich jemanden traf, der keine Beine hat." (Helen Keller)

Schlagartig weicht mein Selbstmitleid der Freude, dass ich den Weg allein gehen kann. Diese Freude sollte mich von nun an nicht mehr verlassen.

So haben wir die richtigen Begegnungen zur richtigen Zeit. Leider lassen wir in der Hektik des Alltags diese Momente oft unbeachtet an uns vorbeiziehen, ohne die Botschaft zu verstehen. Auf Fragen kommen Antworten, Selbstmitleid wird ins richtige Licht gerückt. Je mehr ich mich auf den Weg einlasse, umso mehr darf ich lernen.

Vormittags treffe ich drei Pilger, ein deutsches Ehepaar und einen Franzosen. Meine ersten deutschen Worte seit Tagen. Von ihnen bekomme ich den Hinweis, dass es in Bilbao eine neue Herberge gibt, und die Telefonnummer dazu. Sie wollen vor Bilbao ein Stück mit dem Bus fahren, um nicht durch das Industriegebiet gehen zu müssen. Ist ja eine Überlegung wert! Nach kurzer Zeit lasse ich die Drei ziehen; sie gehen mir zu schnell, dieses Tempo will und kann ich nicht halten. Ein Anruf in der Herberge sichert mir ein Bett für die kommende Nacht.

Auch heute begegne ich wieder vielen Hunden. Je größer die Hunde sind, umso gelassener und ruhiger sind sie. Die Kleinsten sind am aggressivsten und kläffen am lautesten – wie bei uns Menschen!

Mittags esse ich in einem Restaurant Menue del dia, für wenig Geld ein gutes Essen. Dank der freundlichen Hilfe eines deutsch sprechenden Spaniers kann ich die Speisekarte entziffern. Nach Fischsuppe, Merluzza (Fisch) mit Brot und Kiwi, dazu Rotwein und Wasser fühle ich mich zum Platzen. Mit zufriedenem Magen setze ich meinen Weg eineinhalb Stunden später, als die Wirkung des Insulins zum Essen nachlässt, fort.

Auch heute schwanken meine Zuckerwerte wieder stark. Dass es so schwer ist, sie in den Griff zu bekommen, damit habe ich nicht gerechnet. Die körperliche Betätigung senkt meinen Blutzuckerspiegel. Andererseits bedeutet mein schmerzender Körper Stress, mit der Folge, dass meine Werte nach oben schnellen. Zwischen diesen beiden Impulsen hin und her gerissen, hatte ich mich die letzten vier Tage vergeblich um Normwerte bemüht. Wie kann ich von meinem Körper auch erwarten, dass er auf so außergewöhnliche Umstände normal reagiert? Meine hohen Ansprüche kann ich bleiben lassen. Ich werde mich nicht weiter mit guten Werten unter Druck setzen und stattdessen meinen Blutzucker häufiger messen, um dann angemessen reagieren zu können.

Über mir setzen Flugzeuge zur Landung an, rechts unten sehe ich bereits den Flughafen von Bilbao. Vor fünf Tagen bin ich hier gelandet. Mir kommen die fünf Tage wie zwei Wochen vor! Ins Zentrum sind es noch einige km zu gehen. Der Weg in die Stadt führt viele Stufen hinab. Die Pilgerherberge scheint in der Stadt keiner zu kennen. Gott sei Dank kann ich mich doch noch erfolgreich durchfragen. Zweimal laufe ich an der Herberge vorbei, bis ich realisiere, dass sie in der Berufsschule untergebracht ist. Ein netter Herbergsvater bietet mir zur Begrüßung Orangensaft an. Mit zwei weiteren Pilgern, einem Engländer und einem Spanier, teile ich den Schlafraum, in dem sechs Betten untergebracht sind. Spät abends trifft noch eine Belgierin mit ihrem Fahrrad mit leuchtenden Augen und strahlendem Gesicht ein. Sie hat mit 13 Jahren ihr erstes Fahrrad geschenkt bekommen und beschlossen: Wenn sie groß ist, fährt sie mit dem Fahrrad von Belgien nach Portugal. Nun ist sie seit über einem Monat unterwegs – eine Frau, die viel zu erzählen hätte, aber nicht viel redet.

Spät falle ich ins Bett. 150 km bin ich schon gegangen – ein Fünftel bis ein Sechstel der Gesamtstrecke, nicht zu glauben. Langsam gewöhnt sich mein Körper an die täglichen Strapazen.

Der nördliche Weg

Donnerstag, 01.05.

Fragwürdige Sicherheiten

Nach einem für spanische Verhältnisse ausgiebigen Frühstück mit Weißbrot, Marmelade und Orangensaft verlasse ich die Herberge, gut ausgerüstet mit einem Stadtplan. Der Weg führt mich zur Santiago-Kathedrale. Die Kirche öffnet in einer halben Stunde – endlich wieder eine Kirche, die ich betreten kann. Die meisten Kirchen entlang des Weges sind geschlossen – ähnlich, wie sich die Kirche manchmal den aktuellen Themen verschließt, die den Menschen durch den Kopf gehen, so fühle ich es.

Zwischenzeitlich sehe ich mir die Auslagen der Geschäfte an. Nach fünf Tagen in den gleichen Klamotten sehen die Kleider und Schuhe zu verlockend aus. Es scheint eine Ewigkeit her zu sein, dass ich so etwas getragen habe.

Da verliere ich die Orientierung, ich hab keine Ahnung, wo die Kathedrale ist. Sie müsste doch schon längst offen sein. Ich kenne mich nicht mehr aus. Meine Hand wandert in die rechte Jackentasche zum Traubenzucker. Langsam werden meine Gedanken etwas klarer. Ich messe meinen Blutzucker, mit 24 immer noch viel zu niedrig. Noch einen Traubenzucker und aus der Bäckerei einen Kuchen. Heute Morgen habe ich die Basalrate in Erwartung, dass ich mich nicht anstrengen werde, eindeutig zuwenig abgesenkt.

Ich tauche in die andächtige Atmosphäre in der Kathedrale ein. Schöne Musik erwartet mich. In einer kleinen Seitenkapelle über dem Altar die Darstellung von Jesus am Kreuz. Hier spüre ich im Gebet eine besondere Energie, ich habe das Gefühl, von der Gnade Jesu angehaucht zu werden.

Nachdem ich Kerzen für meine Familie und mich angezündet habe und mit einer weiteren ein Versprechen einlöse, begebe ich mich nachdenklich auf den Weg zum Guggenheim-Museum. Hier wasche ich im Wickelraum erst mal meine Bluse aus – gestern war ich zu müde dazu. Im Cafe vor dem Museum trockne ich sie über einem Stuhl. Bei einem cafe con leche und einigen Tapas genieße ich die Menschen um mich herum. Vergnügt spielen Kinder unter den Wasserfontänen Ball. Ich komme mit zwei Frauen am Nebentisch ins Gespräch. Sie sind seit drei Tagen auf dem Camino del Norte unterwegs, mussten die meiste Strecke mit dem Bus fahren, weil eine von ihnen große Probleme mit ihren Knien hat. Ich gebe ihr Arnica C 200 und zeige ihr die entsprechenden Reflexzonen am Fuß zur Massage. Außerdem lege ich ihr eine osteopathische Behandlung nahe, vielleicht hat sie ja Glück und findet einen Therapeuten.

Zwischen dem, was sie erzählt, höre ich Selbstvorwürfe heraus: „Wie kann es sein, dass ich jetzt schon das Handtuch werfen muss, wo ich mich doch so vorbereitet habe. Ich komme doch aus den Dolomiten und bin die Berge gewohnt. Und meine Freundin, die aus dem deutschen Flachland kommt, hat bis auf Schulterschmerzen keine Probleme – das kann doch nicht sein – eigentlich sollte es umgekehrt sein" – wie sie das zerfrisst! Morgen fahren sie mit dem Bus nach Santander und sehen weiter, die letzten Etappen wollen sie dann gehen, damit sie den „Wisch" bekommen!

Außerdem haben sie nur drei Wochen Zeit, es bleibt ihnen nichts anderes übrig, als die eine oder andere Etappe zu fahren.

So kann man das also auch sehen – den Wisch bekommen! Ich sehe vor meinen Augen wieder den gekreuzigten Jesus in der Santiago-Kathedrale und spüre die Gnade, die mich heute morgen berührt hat. Was soll mir dieses Gespräch sagen?

Über eins bin ich mir sicher, der Camino lässt sich nicht bezwingen, du kannst dich nur auf ihn einlassen.

Ich erzähle von meinem Selbstmitleid und der Frau im Rollstuhl mit nur einem Bein, der ich begegnet bin. Daraufhin wirft die Freundin ein: „Siehst du, du hast noch beide Beine und bist nicht an Diabetes erkrankt." Ich glaube, sie hat nicht begriffen, warum ich das erzählt habe. Jeder hat seine Möglichkeiten, den Weg zu gehen, finden muss die jeder für sich allein. Manche tragen schwerer und andere nicht.

Viele Möglichkeiten liegen abseits der gewohnten Wege, und es gehören Neugier und Mut dazu, erprobte und eingefahrene Verhaltensmuster, die Sicherheit bieten, loszulassen und sich auf Neues, Unbekanntes einzulassen. Vieles in unserem Leben fordert uns genau dazu auf. Aber wir verweilen lieber in unseren Gewohnheiten, haften unseren fragwürdigen Sicherheiten an und finden tausend Ausreden, warum etwas nicht geht. Als Antwort kreiert das Leben Situationen, die die Chance zum Wachstum in sich bergen. Auch Krankheit stellt uns vor diese Herausforderung. Aber je weniger Bereitschaft wir zeigen, zu lernen und uns zu entwickeln, umso mehr Druck macht das Schicksal – bzw. unsere innere Weisheit.

Die Fußreflexzonenmassage zeigt Wirkung, die Schmerzen lassen nach und die Tirolerin schöpft wieder neue Hoffnung – wie schön für sie. Ich verstaue meine Sachen, packe meinen Rucksack auf die Schultern, und schon bin ich wieder unterwegs. Ein paar Kilometer habe ich mir für heute noch vorgenommen.

Auf dem Weg den Fluss Nervion entlang spricht mich ein älterer Herr an, er ist den Camino Francese bereits 1990 gegangen. Er rät mir ab, weiter am Fluss entlang zu gehen, außer hässlichen Industrieanlagen gibt es da nichts zu sehen. Er empfiehlt mir den Nahverkehrszug, und ein paar Stationen später bin ich wieder auf dem Weg zum Meer. Gott sei Dank ist heute Feiertag und auf der Straße wenig Verkehr.

In La Arena finde ich wieder Wegmarkierungen. In der Strandbar bei einem Glas Rotwein kommt der Dorfmacho auf mich zu. Er ist betrunken und versucht sein Glück bei mir. Statt dass er sein Glück in sich selber findet, aber der Weg dahin wird immer schwieriger, je mehr er es im Außen und bei anderen sucht. Ich denke an die Belgierin, die allein auf dem Weg nach Portugal ist, sehe sie mit ihren strahlenden Augen vor mir – ihr Traum hat sie geküsst. Und wer küsst dich heute Nacht, Gigolo? Er merkt, dass er bei mir nicht landen kann, und verabschiedet sich mit einem buon camino.

Zur nächsten Pilgerherberge sind es noch 1 km. Ein Stadtangestellter am Strand klärt mich auf, dass die Herberge noch geschlossen hat, die nächste ist in Onton. 7 km, das ist, obwohl es schon später Nachmittag ist, zu schaffen. Also setze ich meinen Weg fort. Entlang eines wunderschönen Panoramaweges bieten sich herrliche Blicke auf Steilküste und Meer. Ehepaare begegnen mir an diesem 1. Mai auf ihrem Spaziergang mit ihren kleinen Kindern. Die Frauen schauen entnervt und gereizt von ihren Männern weg in eine andere Richtung. Dann ein frisch verliebtes Pärchen, das die Kulisse eng umschlungen genießt. So ist das im Leben. Wir Frauen machen uns ein Bild davon, wie der Mann, den wir lieben, zu sein hat. Irgendwann stellen wir fest, dass das Bild nicht der Realität entspricht – die Seifenblase vom Märchenprinzen zerplatzt. Wir sind genervt und lassen das unsere Männer spüren. Tja und die Männer suchen das Gefühl, der Märchenprinz zu sein bei einer anderen Frau. Irgendwann trennt man sich dann. Statt dass man sich auf die Suche nach dem wahren Mann im Mann macht. Auch wir Frauen warten darauf, dass unser Mann die wahre Frau in uns entdeckt. Langsam bekomme ich Sehnsucht nach meinem Mann. Manchmal muss man weit weg sein, um sich nahe sein zu können! In meinem Führer ist eine Abkürzung nach Castro Urdiales entlang der Küste eingezeichnet, aber ich finde keinen Hinweis darauf. Eine Fabrik versperrt den Weiterweg, und ich traue mich nicht durch das Fabrikgelände hindurchzugehen, ich brauche noch die Sicherheit der wenigen Markierungen. In Onton erwartet mich ein sterbender Ort unter einer Autobahnbrücke. Der hat auch schon schönere Zeiten erlebt! Pilgerherberge? Die gibt es seit zwei Jahren nicht mehr. Ich klopfe an ein paar Haustüren, keine Reaktion. Die Dunkelheit kündigt sich langsam an. Wo schlafe ich heute? An der Landstraße entdecke ich eine Bushaltestelle. Ein Bus bleibt auf mein Winken stehen, erleichtert sinke ich in den Sitz – es ist 22.00 Uhr. Die Landschaft fliegt an mir vorbei, angesichts dieser ungewohnten Geschwindigkeiten wird mir schwindelig. Ich blicke hinaus aufs Meer, da geht das Gefühl für Schnelligkeit verloren.

Manchmal dauert es länger, am Ziel zu sein, manchmal geht es viel schneller, als man denkt.

Ich denke an La Arena, an den Strand zurück. Kinder haben Sandburgen gebaut, so wie wir unser Leben bauen. Nachts kommen die Wellen und zerstören alles, deine Pläne, deine Hoffnungen, deine Erwartungen; am nächsten Morgen ist alles anders. Was hat mir die Brandung ins Ohr geflüstert? Das Leben will nicht geplant werden, es will gelebt werden. Es kommt oft anders, als du denkst. Und wenn du offen dafür bist, wirst du merken, dass es so viel besser für dich ist. Wie leicht fällt uns das, wenn uns Schönes in den Schoß fällt, und wie wehren wir uns dagegen, wenn es nicht unseren Erwartungen entspricht. Wir sollten es machen wie die Kinder und am nächsten Tag frohen Mutes wieder neue Sandburgen bauen, neue Möglichkeiten ausprobieren. Auch ich hatte meine Vorstellungen bezüglich des Weges. Alles wollte ich zu Fuß gegen, nichts mit dem Bus oder Zug fahren – heute kommt alles anders, aber ist es deswegen schlechter? Ich plane noch viel zu viel, ich muss mich mehr auf den Weg, auf das, was kommt, einlassen.

Nicht geplante Zeit ist gelebte Zeit.

Die Herberge in Castro wird gerade renoviert, es riecht nach frischer Farbe. Trotzdem ist sie geöffnet. Ich komme gerade aus der Dusche, als zwei Polizisten in der Tür stehen und fragen, wie viele Pilger heute hier übernachten. Einer der Polizisten ist groß, schlank, er schaut schnittig aus in seiner Uniform, und er weiß, wie gut sie ihm steht. Zur Abwechslung eine Nacht unter Polizeischutz.

Zu mehr als Unterwäsche waschen und Tagebuch schreiben kann ich mich um diese Zeit nicht mehr aufraffen. Die Brotreste sind mein Abendessen. Meine Hose wird immer weiter, ich brauche unbedingt einen Gürtel, sonst verliere ich sie noch. Meine Fußsohlen gewöhnen sich langsam an das Gewicht, sie tun mir nicht mehr so weh. Ein Ungar hat an den gleichen Stellen wie ich Wasserblasen, sein Rucksack wiegt 14 kg – was schleppt er nur alles mit sich? Wer wenig zu tragen hat, quält sich mit überflüssigem Zeug herum! Kein Selbstmitleid mehr, ermahne ich mich.

Kurz vor Mitternacht kommen noch zwei spanische Pilgerinnen an, dann schlüpfe ich müde in meinen Schlafsack.

Freitag, 02.05.

Wer langsam geht, kommt weit   *Wie wahr*

Di. 10.3.20 nf

Einige Stunden später erwache ich vom Rascheln von Plastiktüten. Ein deutsches Ehepaar packt seine Sachen zusammen. „Können Sie das nicht im Aufenthaltsraum erledigen?" Diesen Einwand von mir lassen sie nicht gelten, schließlich ist es gleich 7 Uhr! Raschel raschel raschel, auch der Letzte wird wach. Also mache ich mich im Aufenthaltsraum langsam fertig. Die Arbeiter kommen, um die Räume weiter herzurichten, sie warten geduldig, bis alle aufgestanden sind.

Gerne komme ich der Bitte des jungen Ungars nach weiteren Calendula Globulis (homöopathisches Arzneimittel) für seine geschundenen Füße nach. Sein Kommentar zu der morgendlichen Plastiktütenraschelei: „horribile" – schrecklich – er spricht mir aus dem Herzen.

In der Bar brauche ich erst mal einen Milchkaffee. Dass zu viel Kaffee meiner Schilddrüse nicht guttut, davon will ich nach der letzten Nacht nichts wissen. Brot wird erst noch geliefert. Zwischenzeitlich spendiert mir der Barbesitzer Kekse. Am besten komme ich zurecht, wenn ich nur eine Kleinigkeit frühstücke, einen Müsliriegel oder etwas Obst, so ein bis zwei Broteinheiten und dafür ein bis zwei Einheiten Insulin berechne. Sobald morgens die Anstrengung losgeht, stellen meine Muskeln ihren gespeicherten Zuckervorrat als Energie zur Verfügung. Diese berechnete Menge an Insulin reicht zum Ausgleich aus. Frühstücke ich mehr, brauche ich auch mehr Insulin, aber das Verhältnis ändert sich und ist heute so und morgen so. Und ich will morgens ja nicht abwarten, bis die Wirkung des Insulins zum Essen nachlässt, sondern ich will aufbrechen. Zur Mittagszeit zwischen 1 Uhr und 4 Uhr ist das etwas anders, da verlangt mein Körper eine ausgiebige Ruhepause. Dann ist ausreichend Zeit, die nachlassende Wirkung des Bolusinsulins abzuwarten.

Also dann zum Frühstück doch nur ein paar Kekse.

Ich breche ohne Essensvorrat auf, irgendwas wird sich schon ergeben. Gott sei Dank bin ich mit meiner Insulinpumpe nicht so auf Zwischenmahlzeiten angewiesen.

Eine Bank mit Blick auf den tosenden Atlantik lädt mich ein paar Stunden später zu einer Rast ein. Mit drei Spaniern aus Alicante komme ich schnell ins Gespräch. Bevor sie aufbrechen, laden sie mich zu Wasser und Schinkensemmel ein – heute ist wirklich gut für mich gesorgt.

Mir kommt die Rascheltante von heute Morgen wieder in den Sinn. Es ist gleich 7 Uhr, Zeit aufzustehen – das gehört sich so! Dass wir immer denken, jeder sieht die Dinge so wie wir. Doch kann ich ein Haus von verschiedenen Seiten anblicken. Auf der Nordseite ist die Eingangstür, auf der Südseite dagegen ein Wintergarten. Jeder hat aus seinem Blickwinkel Recht mit dem, was er sieht, und statt darüber zu streiten, kann ich sagen: Ich zeige dir, wie ich die Welt sehe, zeigst du mir deine Welt? Und dann erfahre ich, wie das Haus auf der gegenüberliegenden Seite aussieht, wo ich noch nicht gewesen bin. Aber ein Ich-bin-im-Recht erstickt jeden Austausch. Die Semmel schmeckt köstlich, und nach ein paar Fotos bin ich wieder allein.

Mittags ein Campingplatz mit einer Gaststätte, heute brauche ich nicht über zu wenig Essen zu klagen!

Siesta halte ich auf einer Bank in Liendo. Schuhe und Socken ausziehen, Füße hoch und schon bin ich eingeschlafen. Zwei bekannte Stimmen wecken mich auf. Esperanza und ihre Freundin, die zwei Spanierinnen der letzten Nacht, fragen mich, ob ich auch Lust auf ein Bier habe. Ich erzähle von einer Route entlang der Küste, auf der ich zur Pilgerherberge kommen möchte, so habe ich die Möglichkeit den Teerstraßen auszuweichen. Die Zwei wollen wissen, ob mein Buch verlässlich ist, und beschließen, sich mir anzuschließen.

Auf dem Weg zur Bar taucht auf einmal die Belgierin mit ihrem Mr. Bycicle auf und wir fallen uns um den Hals. Die junge Frau redet mit ihrem Fahrrad – „es geht schon noch, Mr. Bycicle", „komm, du schaffst es, Mr. Bycicle" und ähnliche aufmunternde Worte findet sie, wenn sie erschöpft ist.

In der Bar ist noch einmal die Rascheltante Gesprächsthema, und es fällt der Ausspruch „typisch deutsch" – wir sehen uns an und müssen lachen. Esperanzas Freundin versucht mir mit den Worten, ich sei nicht tipico, zu schmeicheln. Ernst entgegne ich, meine Freundinnen sind wie ich, auch keine typisch Deutschen, oder nicht so, wie sie sich typisch Deutsche vorstellen.

Wir stellen uns immer vor, wie die Welt, die Menschen und die Dinge sind, und dieses Bild, das wir haben, verhindert, dass wir die Welt so wahrnehmen, wie sie wirklich ist. Von der Vorstellung zum Sein kommen – ein großes Ziel!

Die Belgierin möchte aufbrechen, ich nehme sie ein letztes Mal in den Arm und wünsche ihr alles Gute. Ich bin mir sicher, dass wir uns nicht wiedersehen werden.

Die von mir gewählte Wegalternative ist landschaftlich reizvoll, aber trotz der genauen Beschreibung in meinem Führer etwas umständlich zu finden. Gut, dass es immer entlang der Küste geht, so können wir uns nicht verlaufen. Irgendwann stehen wir vor einem Zaun, am rechten Rand, genau am Abgrund, ist ein Durchgang. Ich spüre in meinen Körper, finde aber keinen Hinweis auf niedrige Zuckerwerte. So abgesichert passiere ich den Durchgang.

Ein herrlicher Ausblick auf die Bucht von Laredo belohnt für die Mühen des Nachmittags. Über jahrhundertealtes Pflaster geht es bergab in die Stadt. Ich treffe auf eine Kirche und finde hier einen schönen Altar vor. Der richtige Platz für eine versprochene Kerze, die ich aufstelle. Dann verabschiede ich mich von meinen spanischen Begleiterinnen, die hier übernachten, ich will weiter nach Colindres. Auf dem Weg zur Polizei kaufe ich im Supermarkt Wasser, Wein, Brot und Käse und lasse mich vom herrlichen Duft einer frischen Ananas verführen. Bei der Guardia Zivil hole ich den Schlüssel zur Herberge ab und bewundere wieder einmal die jungen Polizisten in ihren adretten Uniformen.

Ein Stückchen ist es noch zu gehen. Dass der letzte Kilometer immer der längste ist! Die Pilgerherberge befindet sich auf der Rückseite eines Gebäudes, im ersten Stock finde ich einen Hinweis auf die Herberge, aber der Schlüssel passt nicht. Ich versuche es erfolglos mit einem Anruf bei der angegebenen Telefonnummer. Ich werde von einem jungen Deutschen erlöst, der grinsend ankommt und mir erklärt, die Herberge sei einen Stock höher.

Nach der kalten Dusche treffe ich einige bekannte Gesichter. Die Rascheltante und ihr Mann sind auch da, vielleicht zeigt sie mir ja etwas von ihrer Welt, aber die angebotene Ananas lehnt sie ab, sie und ihr Mann müssen ins Bett. Dann halt nicht!

Von einem Deutschen werde ich mit den Worten „Du bist auch schon da, wo du doch so langsam gehst" begrüßt. Erst an seiner Frau erkenne ich ihn, von ihm habe ich den Tipp mit der neuen Herberge in Bilbao bekommen.

„Wer langsam geht, kommt weit."

Es scheint, dass er sich darüber ärgert, dass ich langsame Schildkröte auch schon so weit gekommen bin. Was möchte er sich beweisen?

Samstag, 03.05.

„Alles ist möglich dem, der da glaubt"

Beim Frühstück zeigt der Deutsche seinen Unmut darüber, dass sie nicht schon gestern mit dem Schiff nach Santona übergesetzt haben. Heute am Sonntag soll die Fähre nicht gehen. Eigentlich hätte er als Rentner alle Zeit der Welt. Alles ist geplant, nichts dem Zufall überlassen, und wenn es anders kommt, dann ärgert man sich.

Dabei ist ein Zufall das, was einem zufällt!

Den Weg zurück und dann entlang der Autobahn zu gehen, darauf habe ich keine Lust, also entscheide ich mich anstelle der Fähre für ein Taxi nach Santona. Bei der Landungsbrücke steige ich aus.

Zur Festung San Martin führen Treppen zum Eingang der Burg hinauf.

Ein steiniger Bergweg führt um das Massiv des Buciero herum. An einer Wegkreuzung entscheide ich mich für den Abstecher zum Leuchtturm El Caballo. Fast 700 verwitterte, rutschige Stufen führen hinab zum alten Leuchtturm. Am ersten Treppenabsatz packe ich die wertvollen Sachen, vor allem die Ersatzinsulinpumpe, in den kleinen zusammenfaltbaren Rucksack um und lasse mein anderes Gepäck hier stehen. Zu groß erscheint mir die Gefahr, mit dem schweren Rucksack auf den halsbrecherischen Stufen das Gleichgewicht zu verlieren, und irgendwie muss ich die Stufen ja auch wieder hochkommen. Notdürftig befestigte Seile geben mir etwas Halt.

Kristallklares, in der Sonne grün schimmerndes Wasser und bizarre Felsformationen belohnen meine Anstrengung. Nach einer Rast beginnt der Aufstieg. Einem entgegenkommenden Wanderer bejahe ich die Frage, ob das mein Rucksack ist, der da oben liegt. Völlig außer Atem komme ich schweißgebadet oben an. Trotzdem, diese sechs km Umweg haben sich in jedem Fall gelohnt.

Der Weiterweg führt mich kilometerlang am Strand von Noja entlang. Raus aus den Schuhen, Socken aus und barfuß den Sand spüren. Das Meerwasser umspült meine Füße, welch ein Genuss. Bevor ich wieder in meine Wanderschuhe schlüpfe, mache ich noch Fotos von den Wasserblasen am Großzehenballen links und rechts. Die Badegäste, von denen es am heutigen Samstag genügend gibt, finden das amüsant.

Durch Schwemmland führt der Weg mich an einer alten Gezeitenmühle vorbei, und der Ort Isla grüßt mit seiner weithin sichtbaren Kirche. Die Sonne brennt vom Himmel, und ich bitte eine Frau um Wasser. Mehrere Male füllt sie das Glas wieder auf, bis mein Durst gestillt ist. Nach einem netten Gespräch mit der freundlichen Dame wandere ich weiter.

Die Pfeile führen mich immer wieder in die Irre, bis ich die auf einem Hügel gelegene Herberge entdecke. Von weitem schon winkt mir eine Frau zu.

Ein blonder Engel begrüßt mich und möchte mir mein

Nachtquartier zeigen, aber erst messe ich meinen Blutzucker. Ein nachdenklicher Blick trifft mich, und die Frau klärt mich darüber auf, dass sie an Diabetes Typ 2 erkrankt ist und Tabletten nimmt, die ihre Bauchspeicheldrüse zur Abgabe von mehr Insulin veranlassen.

Diese Nacht verbringe ich in einem kleinen Häuschen mit zwei Betten, das ich mir mit einem Berliner teile. Ich kenne ihn von der letzten Herberge, er sieht immer so leidend aus. Ich spreche ihn vorsichtig darauf an, und er erzählt, dass er seine an Krebs erkrankte Frau bis zu ihrem Tod gepflegt hat. Die Herberge in Güemes wird von Pater Ernesto mit viel Liebe geführt und ist wirklich Spitze. Ich sehe einige bekannte Gesichter und werde von einem Franzosen mit Küsschen links und rechts auf die Wange begrüßt. Erstmals sind wir uns vor Bilbao begegnet. Zum Abendessen versammeln wir uns im großen Raum; der an die 70 Jahre alte Pater Ernesto erzählt über sich und seine Herberge, er ist in der ganzen Welt unterwegs gewesen und hat hier einen universellen Treffpunkt geschaffen.

„Man ist nicht auf dem Weg nach Santiago, man ist auf dem Weg zu sich selbst", glaube ich die spanische Sprache richtig zu übersetzen.

Zu Gitarrenbegleitung wird ein Lied gesungen, anschließend sind wir zum Abendessen eingeladen. Es gibt Eintopf mit Wurst, Salat und Brot. Das leckere Gericht schmeckt in internationaler Gesellschaft köstlich. Zwei Gläser vino tinto und das Bier vom Nachmittag zeigen ihre Wirkung. Nach dem Essen leert sich der Raum, ich bleibe sitzen, um mein Tagebuch zu schreiben, zu viele Eindrücke wollen festgehalten werden.

Während ich schreibe, treffen immer mehr Spanier ein, Essen wird auf den Tisch gestellt, und bevor ich mich versehe, bin ich mitten in einer Geburtstagsfeier. Silvia, die nette Spanierin neben mir, und ihre Freundinnen möchten viel von mir wissen. Ich erzähle, dass ich verheiratet bin und zwei Kinder habe. Silvia schüttelt den Kopf, nein, das ginge in Spanien nicht, verheiratet sein, Kinder haben und den Jakobsweg allein gehen. Sie ist nicht verheiratet und weiß auch nicht, ob sie das jemals sein wird. Sie scheint nicht glücklich über die Aufgabenverteilung und die Erwartungshaltung an die spanische Ehefrau. Lieber gar nicht als so! Die Neugierde der jungen Frau ist noch nicht gestillt. Die Frage, ob ich arbeite, bejahe ich. Silvia schüttelt wieder den Kopf und zählt auf, verheiratet, zwei Kinder, arbeiten und den Jakobsweg allein gehen. In Spanien für eine Frau unmöglich. Während Silvia redet, messe ich meinen Blutzucker. Jetzt will sie es genau wissen, was mit mir los ist. Und so erzähle ich von Diabetes und zeige die Funktionen meiner Pumpe. Ich erkläre Basalrate und Bolusinsulin. Und das alles auf Spanisch – beeindruckend!

Für den Jakobsweg hatte ich im Vorfeld bei Bergwanderungen eine eigene Basalrate ermittelt, die sich in der Realität allerdings als unbrauchbar erwies. Besser komme ich damit zurecht, dass ich meine normale Basalrate tagsüber immer auf

50 % absenke und nachts dann wieder in voller Höhe laufen lasse. Obwohl meine Muskeln in der Nacht dem Blut wieder „Zucker" entziehen, um ihre Kohlenhydratspeicher aufzufüllen und dadurch meinen Blutzucker senken, brauche ich dennoch in der Erholungsphase eine Basalrate von 100 %. Das hängt wahrscheinlich mit den Schmerzen zusammen, die die täglichen Strapazen meinem Körper zufügen. Als Folge schüttet mein Körper Stresshormone wie Cortisol aus, die meinen Blutzucker ansteigen lassen. Außerdem bemerkte ich von Anfang an die anfeuernde Wirkung der jodhaltigen Seeluft auf meine an einer Autoimmunerkrankung leidende Schilddrüse; und die Hormone dieses kleinen Organs haben ebenfalls ihren Einfluss auf meinen Blutzuckerspiegel. Des Weiteren muss ich jedes Mal, wenn ich etwas esse, abschätzen, wie viel Broteinheiten die Nahrung enthält, um mir über meine Insulinpumpe die erforderliche Menge Insulin zuzuführen. Morgens brauche ich normalerweise pro Broteinheit 1,6 Einheiten Insulin, den Rest des Tages 1,2 Einheiten, allerdings benötigte ich von Tag zu Tag weniger dieses sogenannten Bolusinsulins. Anfangs, nach Diagnosestellung, war das sehr stressig – ich wog jedes Essen ab und berechnete die darin enthaltene Kohlenhydratmenge. Heute reicht ein Blick auf meinen Teller und ich kann mit ziemlicher Sicherheit abschätzen, wie viel Broteinheiten darin enthalten sind – auch in Ländern wie Thailand, Indonesien und Burma sind meine Schätzungen erfolgreich gewesen. Viel Kopfzerbrechen hatte mir im Vorfeld das Problem bereitet, wie ich mein Insulin-

pumpenzubehör geschützt im Rucksack unterbringe. Mit Katheder und Reservoirs hatte ich die Haushaltsgeschäfte unsicher gemacht, bis ich die optimale Box gefunden hatte. Der einzige Nachteil des wasserdichten Behälters war, dass er leer 1 kg wog. Daneben brauchte ich noch einen zweiten, kleinen Behälter für mein Ersatzblutzuckermessgerät und die Blutzuckerteststreifen, damit konnte mir eine Freundin mit einem Behälter aushelfen, der nur 100 g schwer war – und meine Schilddrüsentabletten hatten außerdem noch Platz. Wenn ich noch das knappe Kilo Traubenzucker und meine Ersatzinsulinpumpe dazuzählte, summierte sich mein „Diabetikergepäck" auf fast 5 kg. Trotzdem war es mir gelungen, alles, was ich dabei hatte, in einen 45 l Rucksack unterzubringen. Die Empfehlungen und Ratschläge an die Pilger waren eindeutig – schau, dass dein Rucksack nicht schwerer als 10 kg ist, oder du wirst es nicht nach Santiago schaffen – das hatte ich mit 13 ½ kg weit überschritten. Trotzdem hatte ich die ersten 250 km in acht Tagen geschafft – so viel zu den gängigen Vorurteilen! Was alles möglich ist, wenn man es wirklich will. Auch wenn ich dafür mit schmerzenden Gelenken und vielen, vielen Wasserblasen meinen Preis zu zahlen hatte. Die tägliche Praxis erwies sich als nicht einfach, aber damit hatte ich auch nicht gerechnet. Nur geringfügig zuwenig berechnetes Insulin lässt meinen Blutzuckerwert auf Werte um die 300 ansteigen, und ½ Einheit zu viel Insulin hatte einen Wert um 30 zur Folge. Ich messe meinen Blutzucker mindestens 12 x am Tag – gut, dass ich genügend Blutzuckerteststreifen mit mir führe, und wenn ich nachts erwache, vergewissere ich mich als erstes, dass mein Blutzuckerwert in Ordnung ist. Nachts klappt es ganz gut, aber es vergeht kein Tag, an dem ich nicht mindestens einmal sowohl einen hohen wie einen niedrigen Wert angezeigt bekomme. Niedrige Werte bemerke ich schnell – Druck auf dem Herzen, Konzentrationsmangel, das Gefühl, dass meine Füße mich nicht richtig tragen, lassen meine Hand zwischenzeitlich automatisch zu meinem Traubenzuckervorrat in der rechten Jackentasche wandern. Wesentlich eingeschränkter fühle ich mich da schon bei Werten über 140/150 mg – da werde ich ganz schnell müde, energie- und kraftlos, und jeder Schritt wird zur großen Kraftanstrengung. Aus diesem Grund lasse ich die Empfehlung, vor sportlicher Betätigung einen Wert um 150 mg zu haben, unberücksichtigt. Besser fühle ich mich, wenn ich einen zu niedrigen Wert mit etwas Essen ausgleiche. Nur gut, dass meine Werte mit dem schnell wirkenden Analoginsulin innerhalb kurzer Zeit wieder im grünen Bereich liegen – das bedeutete für mich bei Werten zwischen 70 und 120 – da bin ich am leistungsfähigsten. Um wie viel einfacher war das Pilgern doch vor zehn Jahren! Damals drehten sich meine Gedanken um: Wo gibt es was zu essen und zu trinken, wo kann ich schlafen, hoffentlich heute keine Schnarcher in der Herberge, gibt es warmes Wasser zum Duschen und wo kann ich meine Sachen auswaschen. Diesmal ist das Nebensache – im Vordergrund stehen meine Blutzuckerwerte.

Silvia schüttelt wieder den Kopf und fängt nochmals an aufzuzählen: verheiratet, zwei Kinder, arbeiten, Diabetes Typ 1 und den Jakobsweg allein gehen. Ob ich keine Ängste habe? Meine Gedanken wandern fast 30 Jahre zurück; die Meniskus-Operation meiner Mutter, ihr Entlassungstag nach zehn Tagen im Krankenhaus, wie sie sich vom Arzt verabschiedet, umfällt und stirbt – eine Lungenembolie, und es gab trotz sofortiger ärztlicher Versorgung keine Hilfe. Nein, Angst habe ich keine. Wenn es sein soll, dann soll es sein, und wenn es nicht sein soll, dann soll es nicht sein – Sicherheit gibt es nicht im Leben –, und sterben werden wir alle – wann und wie, liegt nicht in unserer Hand. Ich hatte mich gut vorbereitet, im Vorfeld viele durch meine Erkrankung bedingten Überlegungen angestellt und entsprechende Vorbereitungen getroffen – ansonsten ließ ich die Tage auf mich zukommen. Und Beschränkungen, Verbote und Erwartungen, die an uns gestellt werden, ob ich etwas kann oder nicht kann – viel davon findet nur im Kopf statt. Genauso wie es einen Grund gibt, warum ich etwas nicht tun kann oder soll, gibt es auch einen Grund, warum ich es tun kann.

„Alles ist möglich dem, der da glaubt" (Mk 9,23) – seit meiner Konfirmation begleitet mich dieser Konfirmandenspruch.

Langsam löst die fröhliche Runde sich auf, jeder wirft Geld in die Mitte, damit die Kosten verteilt werden. Ich zücke auch meinen Geldbeutel, doch da gibt es Protest, nein, ich bin eingeladen.

Es ist schon weit nach Mitternacht, ich verabschiede mich und krieche müde in meinen Schlafsack.

Sonntag, 04.05.

Heute bin ich 23 Jahre verheiratet !

Nach der Völlerei gestern Nacht brauche ich mich über hohe Werte heute Morgen nicht zu wundern. Mein Insulin ist leer, Reservoir und Kathederwechsel steht auf dem Programm. Von meinem Zimmergenossen höre ich dazu, dass so jeder das Seine hat, er muss für seinen hohen Blutdruck auch Tabletten nehmen.

Nachdenklich setze ich mich an den gedeckten Frühstückstisch. Ich hoffe, ich nehme meine Krankheit nicht so wichtig, dass ich darüber den Blick für die anderen verliere. Zum Abschied frage ich den Berliner, ob er für seine verstorbene Frau eine Kerze aufstellt. Er verneint, von so etwas hält er nichts. Jetzt würde mich doch interessieren, warum er sich auf den Weg gemacht hat, leider lässt der fortgeschrittene Morgen keine Zeit mehr für eine Antwort. Auch ich packe meinen Rucksack und werde von dem blonden Engel zum Abschied in den Arm genommen – „alles Gute und pass auf dich auf". Ich breche Richtung Santander auf.

Andächtig tauche ich in die morgendliche Stille des Weges ein. Vor mir erscheint eine strahlende Lichtgestalt, mein Engel aus frühen Kindheitstagen lächelt mich an, glücklich lächelt mein Herz zurück. Für einen Moment steht die Zeit still. Jede Blume, jeder Baum strahlt in diesem hellem Licht, und ich fühle mich eins mit der Natur. Allein unterwegs und doch nicht allein. Allein – mit allem eins sein, heute bekomme ich eine Ahnung, welche Harmonie im Nicht-getrennt-sein liegt.

Nach einigen Kilometern erreiche ich den Strand, der mich zur Anlegestelle der Fähre führt. Schon die alten Pilger benutzten das Schiff, um nach Santander zu kommen. Die Zeit bis zur Abfahrt nutze ich, um im fliegenden Geschäft eines Afrikaners einen Gürtel zu kaufen.

Er passt farblich gut zu meiner blauen Treckinghose, und vor allem ist er elastisch – das Problem mit meiner immer weiter werdenden Hose ist gelöst. Je länger ich unterwegs bin, umso öfter kann ich erfahren, dass mir die Lösungen für meine Probleme auf einem goldenen Tablett serviert werden. Ich muss nur daran denken, was ich brauche, und dann keinen weiteren Gedanken daran verschwenden. Die Lösung lässt nicht lange auf sich warten, ich muss nur achtsam sein, dass ich die Chance, die oft anders aussieht als in meiner Vorstellung, nicht ungenutzt an mir vorüberziehen lasse.

Schnell trinke ich die letzten Schlucke meiner heißen Schokolade im Café aus, ein Boot kommt, und der Händler winkt mir, dass das meine Fähre ist.

Nach der windigen Überfahrt erwartet mich heute, am Sonntag, in der Kathedrale ein Gottesdienst. Ich stelle Kerzen auf, für meinen Mann und die Kinder, für meinen Onkel und meine Tante, die in Canada leben, und für meinen Zimmernachbarn der letzten Nacht und seine Frau.

Danach beschließe ich weiterzugehen, mir sind zu viele Menschen in der Stadt. Durch Wohn- und Industriegebiet verlasse ich die Stadt. Ein Auto bleibt stehen, und ich werde von dem Fahrer angesprochen, wo ich heute schlafe. Ich setze auf meine Ich-kann-kein-Spanisch-Taktik, da braust er in seinem sportlichen Wagen davon. Kopfschüttelnd setzte ich meinen Weg fort, da verwechselt er doch Pilgerinnen mit Damen eines vollkommen anderen Gewerbes. Ich wandere nicht von einem Bett zum anderen, ich pilgere nach Santiago. Also gibt es auf dem Camino auch diese Art von Begegnungen; bisher bin ich davon verschont geblieben.

Am Abend brauche ich wieder einmal meine Regenkleidung, um mich vor dem aufziehenden Gewitter zu schützen. Spät erreiche ich Polanco, hier irgendwo müsste doch die Pilgerherberge sein, nur wo? Kein Hinweis auf die Herberge. Gerade möchte ich weitergehen, da höre ich Pfiffe, suchend blicke ich mich um, erneute Pfiffe. Ich entdecke drei Pilger vor einem kleinen, historischen Fischerhaus mit zwei Zimmern und sechs Betten – da also ist mein heutiges Nachtquartier. Wieder einmal werde ich von dem Franzosen angelächelt. Ich deute mit meinen Fingern erst schnelle Bewegungen an, schnell wie er geht, dann langsame Bewegungen, angepasst an mein Tempo. Nebenan wohnt die Herbergsmutter, und ein deutscher Pilger begleitet mich zum Pilgermenü. Er war ein paar Tage auf dem Camino Francaise unterwegs, von wo er wegen der vielen Menschen die Flucht ergriffen hat. Schnell sind wir in ein philosophisches, spirituelles Gespräch vertieft, wir scheinen auf der gleichen Wellenlänge zu schwimmen.

Dann noch ein Anruf bei meinem Mann, heute ist unser 23. Hochzeitstag ♥.

Jetzt wird es abenteuerlich

Was ist der richtige Weg?

Sind die Pilger dieser oder
jener Tage gemeint?

Mein Freund, der Esel,
nach Unquera

Auf dem Weg nach
Santo Toribio de Liébana,
die Picos de Europa

Montag, 05.05.

Probleme, Probleme, Probleme

Heute gehe ich ein Stück mit meinem Begleiter von gestern Abend, er weiß viel aus interessanten Büchern zu berichten. Ein Positiv-Denker – positiv denken als Mittel zum Lösen von Problemen – kann das funktionieren? Sicherlich, wenn es gut läuft, kann ich später einem Problem auch seine guten Seiten abgewinnen; ich kann sehen, was ich daraus gelernt habe. Für mich führt der Versuch, ausschließlich positiv zu denken, zu einem Konflikt zwischen wollen und nicht können – wenn das kein Stress ist!

Und solange ich versuche, ein Problem zu lösen – egal ob positiv oder negativ –, beschäftige ich mich innerlich ständig mit diesem Problem. Ist es nicht möglich, die Dinge so zu nehmen, wie sie kommen, ohne daraus Probleme zu machen?

Und keine Kraft ist ohne Gegenkraft. Das Positive kann nicht ohne das Negative bestehen, das Gute nicht ohne das Böse. „Ich bin ein Teil von jener Kraft, die stets das Böse will und stets das Gute schafft", so ließ schon Goethe seinen Mephisto sprechen.

Provokativ frage ich nach, was daran positiv sein soll, wenn man an einer chronischen Krankheit leidet. Die Antwort bleibt er mir schuldig.

Langsam schweifen meine Gedanken ab – sein Wissen ist mir zu theoretisch, lieber öffne ich mich für die Erfahrungen des Weges und höre Himmel und Erde, den Bäumen und Blumen zu.

Vor einem Café biege ich zum Frühstück ab und gehe danach allein weiter. Für welche Erfahrung öffnet sich mein Herz heute? An einer kleinen Kapelle am Wegrand lege ich ein paar gepflückte Blumen ab. Leider ist sie wieder einmal verschlossen.

Mit Santillana del Mar erwartet mich eine Stadt im mittelalterlichen Gewand. Zwischen den blumengeschmückten Häusern rechne ich jeden Moment damit, einem Ritter zu begegnen.

Am Ortsende der Stadt wird eine Straße gebaut. Ein Weiterkommen ist nicht möglich, ich muss einen Umweg gehen und verliere die Orientierung. Es dauert eine Weile, bis ich über eine Wegmarkierung stolpere und wieder auf dem richtigen Weg bin.

Genauso ist es gewesen, als ich krank geworden bin, da habe ich auch meinen Weg aus den Augen verloren und bin viele Umwege gegangen – Dinge müssen passieren, damit der richtige Weg gefunden wird. So schnell bekomme ich eine Antwort.

Heute sind es nur 25 km bis Cobreces – Erholung für meine Knie. Im Zisterzienserkloster kann ich mein Nachtquartier aufschlagen. Gemütlich wasche ich meine Wäsche aus und hänge sie zum Trocknen über das Treppengeländer im Freien auf. Bei einer Kleinigkeit zum Essen komme ich mit zwei deutschen Pilgerinnen ins Gespräch. Auf dem Weg zur gesungenen Vesper treffe ich eine Amerikanerin. Sie wandert mit einem Trolley auf der Straße, der Rucksack war ihr zu schwer – so gibt es viele Möglichkeiten! Abends denke ich an meine morgendliche Begleitung – schade, dass ich ihn nicht mehr getroffen habe, ich hätte mich doch noch gerne weiter mit ihm ausgetauscht, aber dazu ist es jetzt zu spät.

Dienstag, 06.05.

Aufbruch ins Ungewisse

Früh morgens um 5 Uhr gibt mich eine Tür in der Kloster-
mauer frei, und die Dunkelheit nimmt mich auf. Meinen ersten Kilometer wandere ich auf altem verwittertem Pflaster.
Wie viele Pilger mit ihren Sorgen, mit ihren Gebeten, mit
ihren Hoffnungen und Wünschen haben diese Steine seit
Jahrhunderten geduldig getragen. Geduld und Tragen – das
sind nicht meine Stärken.

Langsam bricht die Dämmerung an, während ich durch
die bergige Landschaft der Küste entgegengehe. Warm fallen die ersten Sonnenstrahlen der aufgehenden Sonne auf
mein Gesicht – was für eine Belohnung für meinen frühen
Aufbruch. Zum Frühstück in Comillas treffe ich die zwei
deutschen Frauen wieder, sie haben den Weg auf der Straße
gewählt. Der Weiterweg durch das historische Zentrum der
Altstadt führt an dem kleinen von Gaudi erbauten Schlöss-
chen „El Capricho" vorbei. Danach bevorzuge ich statt des
traditionellen Jakobswegs wieder einmal den Weg an der
Küste entlang, der mich durch den Naturpark von Oyambre
führt – Schwemmland mit einem alten überfluteten Wald
führt mich zurück zur Küste. Hier ist leider Flut, so dass ich
den Strand nur ein kurzes Stück genießen kann. Auf einer
Bank entdecke ich bekannte Gesichter. Nach einem freund-

lichen Gruß gehe ich weiter, ich habe die Wellen vermisst, endlich kann ich ihrem Rauschen wieder in Ruhe zuhören.

Über eine 600 Meter lange Brücke erreiche ich San Vicente de la Barquera. Hier gibt es zwar eine Pilgerherberge, aber es ist erst Mittag, und ich entschließe mich weiterzugehen.

In Hortigal stolpere ich über einen Wegweiser; hier soll der Pilgerweg nach Santo Toribio de Liébana abzweigen. Ich esse in der einzigen Bar des Dorfes das Tagesmenü. In meinem Buch ist ein kleiner Hinweis auf diesen Weg zu finden. Es handelt sich um einen traditionellen Abstecher, den früher zahlreiche Pilger des Weges entlang der Küste unternahmen. Um die 60 Kilometer führen über Lebena und Potes in die Bergwelt der Picos de Europa, wo im Kloster von Santo Toribio de Liébana die größte Reliquie des Kreuzes Christi aufbewahrt wird. Der Legende nach soll der Heilige Toribius sie im 5. Jahrhundert aus Jerusalem mitgebracht haben. Dieser Besitz brachte dem Kloster das Recht ein, ein Jubileo, ein Heiliges Jahr zu begehen, wenn der 16. April, der Festtag des Heiligen, auf einen Sonntag fällt. Damit ist Santo Toribio neben Rom, Jerusalem und Santiago de Compostela der vierte Wallfahrtsort, der dieses Privileg hat. Das letzte Heilige Jahr endete vor einem Jahr am 16. April 2007. Was soll ich tun – im Anschluss an Santiago de Compostela nach Finesterre ans Ende der damaligen Welt gehen oder ohne Unterlagen, ohne Buch, ohne Karten den Abstecher nach Santo Toribio wagen? Beides würde ich nicht machen, das wusste ich. Letztendlich gibt der Hinweis, dass in dem Kloster Bilder des

Mönches Beatus zu sehen sind, den Ausschlag. Mein Name – wenn das nichts zu sagen hat! Kurzentschlossen hole ich mein Handy aus dem Rucksack und rufe meinen Sohn an, der sich zu Hause auf die Prüfung im nächsten Abiturfach vorbereitet. Er soll im Internet recherchieren, ob und wo es auf dem Weg Übernachtungs- und Einkaufsmöglichkeiten gibt. Während ich auf seinen Rückruf warte, nutze ich die Zeit und frage die Leute in der Bar – drei Spaniern in Wanderschuhen sagt die Route etwas, und sie schreiben mir einige Städtenamen mit einer kurzen Wegskizzierung in mein Tagebuch. Dann ruft Sebastian zurück, und das Wenige, was er im Internet gefunden hat, deckt sich mit den Auskünften, die ich von den jungen Leuten vom Nebentisch erhalten habe. Das reicht mir – mein Entschluss steht fest, ich werde nach Santo Toribio gehen. Aus den Resten meines Mittagessens bereite ich mir eine Brotzeit und fülle meine Wasserflasche auf. Außerdem habe ich noch einige Müsliriegel und genug Traubenzucker. Zur Not reicht das für die nächsten zwei Tage aus.

So ausgestattet breche ich auf.

Am Ortsende von Hortigal studiere ich die Tafel mit der Route, damit ich wenigstens ein bisschen Orientierung habe. Zwei Kilometer später frage ich eine Bäuerin nach dem richtigen Weg, sie schickt mich wieder zurück. Noch zweimal verlaufe ich mich, und auf einer Wiese überlege ich, wie es weitergehen soll. Also nochmals zurück. Sollte ich mich noch einmal verlaufen, dann werde ich meinen Plan fallen lassen und zum Küstenweg zurückkehren.

Eine alte Spanierin führt mich auf den richtigen Weg und erklärt mir, mit welchen Zeichen und Wegmarkierungen der Weg nach Santo Toribio ausgeschildert ist. Trotzdem verliere ich immer wieder den Weg aus den Augen und muss wieder ein Stück zurück gehen. Ein großer Bach scheint meinen Weiterweg zu versperren, aber es liegen große Steine im Bachbett, die ich als Brücke benutze. Kurz danach eine Teerstraße. Ich halte ein Auto an und frage, ob ich auf dem richtigen Weg nach Santo Toribio bin – der Fahrer muss passen, er weiß es nicht. Ein Lastwagen kommt entgegen, dessen Fahrer kennt sich aus.

Von jetzt an bleibe ich auf der Landstraße, die mich in die Höhe führt.

Erste Ausblicke auf die schneebedeckten Gipfel der Picos de Europa lassen mein Herz höher schlagen. Scheinbar endlos geht es bergauf. Ab und zu kommt mir ein Auto entgegen. Der heutige Tag scheint ewig zu dauern, langsam merke ich die Erschöpfung.

Irgendwann am Abend überquere ich eine Brücke und erreiche Cades. Hier soll es eine Pilgerherberge geben. Am ersten Haus frage ich danach. Die Frau erklärt mir, dass die Herberge geschlossen ist, schreibt mir aber den Namen einer Frau auf, die sich um Pilger kümmert. Ich entdecke eine kleine Schule – zur Not werde ich da schlafen, und morgen, wenn die Kinder zum Unterricht erscheinen, bin ich schon längst aufgebrochen. An dem beschriebenen Haus läute ich, aber keiner ist zu Hause. Unentschlossen bleibe ich stehen, es wäre zu schön, wenn ich mich jetzt ausruhen könnte. Die Straße wird hergerichtet, und ein Arbeiter bietet mir seine Hilfe an. Er wird mit seinem Lastwagen noch eine Tour fahren, in 15 Minuten ist er wieder da, dann nimmt er mich mit zurück zu einem Dorf, wo es eine Pension gibt. Das Angebot ist sehr freundlich, aber eigentlich will ich nicht zurück und morgen die Strecke nochmals gehen. Vielleicht kommt ja zwischenzeitlich die Frau nach Hause.

Während ich warte, werde ich von hinten angesprochen. Ein Spanier hat mich in den Ort kommen sehen und lädt mich zu sich nach Hause ein. Ob ich Durst habe, werde ich gefragt. Im geöffneten Kühlschrank sehe ich Bier stehen. Zu Hause trinke ich nie Bier, aber die Anstrengung hat mein Verlangen nach flüssigen Kohlenhydraten geweckt. Ich bitte um ein Bier und erkläre meinem Gastgeber, dass Wein und Bier auf dem Jakobsweg Medizin sei. Ich setzte die Flasche an und trinke sie in einem Zug leer. Ob ich noch mehr Medizin brauche? Schmunzelnd entgegne ich, dass es reicht. Dann wird der Tisch mit Chorizo, Schinken, Käse, Brot, Kartoffelchips und Rotwein gedeckt, und ich werde zum Essen aufgefordert. Es schmeckt köstlich. In der Nähe soll es ein Hotel geben, das allerdings teuer ist. Aber der freundliche Spanier kennt den Besitzer und könnte einen guten Preis für mich aushandeln. Dankend nehme ich sein Angebot an. Nach einem kurzen Telefonat ist meine Übernachtung gesichert. Der Spanier ist sehr nett. Beiläufig erwähnt er, er hilft mir, dafür kommt er in den Himmel.

Nun, das kann ich ihm nicht versprechen, aber ich werde eine Kerze für ihn aufstellen.

Nach dem Essen bekomme ich vom Internet noch eine Straßenkarte mit den Ortschaften ausgedruckt, so habe ich jetzt ein bisschen Überblick, wo ich mich befinde. Nicht genug damit, werde ich auch noch mit dem Auto zum Hotel gefahren. Herzlich bedanke ich mich bei meinem Retter in der Not.

In dem Hotel erwartet mich ein Raum mit Badezimmer mit Eckbadewanne und Massagedüsen – diesen Luxus lasse ich mir nicht entgehen. Die nächste halbe Stunde lasse ich meine Seele bei einem heißen Bad baumeln. Und erst das bequeme Bett.

Spät am Abend telefoniere ich mit meinem Mann und erzähle ihm die Neuigkeiten ♥.

„Du bist eine Abenteurerin" ist sein Kommentar. Zwischenzeitlich hat er es aufgegeben, sich um mich zu sorgen.

Die Wasserblasen am linken Fuß sind am Verheilen und jucken. Am rechten Fuß wird eine Blase immer größer, auch die wird demnächst wieder abgeheilt sein.

Heute Morgen hatte ich genaue Vorstellungen davon, wie weit ich gehe und wo ich schlafen werde – und jetzt ist alles ganz anders gekommen. Ich habe bekannte Wege verlassen und mich auf Neues, vollkommen Unbekanntes eingelassen – und für heute Nacht bin ich erst mal im Paradies gelandet.

Mittwoch, 07.05.

Was sind denn das für sonderbare Spuren?

Die Nacht schlafe ich hervorragend und morgens komme ich nicht aus dem Bett. Verspätet gehe ich zum Frühstück, das ich eigentlich auf 7 Uhr bestellt habe. Ich lasse meine Wasserflasche auffüllen und mache mich mit meinem gestrigen Proviant auf den Weg.

An die Kapriolen meiner Blutzuckerwerte habe ich mich zwischenzeitlich fast schon gewöhnt, und mein Ehrgeiz, den Weg mit guten Werten zu schaffen, ist von mir beiseite gelegt worden. Ich bin froh, dass ich dank Traubenzucker und Analoginsulin schnell reagieren kann und bisher noch keine wirklich brenzlige Situation erlebt habe.

Morgens führt mich mein Weg lange auf der Landstraße bergauf. Immer wieder begegne ich Arbeitern, die die Straße ausbessern. In einem Bergdorf entdecke ich ein fahrendes Geschäft und ich kaufe der Lastwagenfahrerin Getränke und Obst ab.

Es geht eine Piste ständig bergauf, und ich komme an einer Vogelscheuche vorbei – verkleidet als Pilger, mit Wanderstöcken in der Hand. Schmunzelnd frage ich mich, ob das eine Darstellung der Pilger dieser oder jener Zeiten sein soll.

Irgendwann stoße ich wieder auf die Landstraße. Einem

Wegweiser folgend biege ich links auf einen Wanderweg ab, das nächste Dorf soll ich in 30 Minuten erreichen.

Steil führt mich der Weg immer weiter in die Höhe, an Koppeln für Kühe und Pferde vorbei. Da entdecke ich neben den Hufen der Kühe und Pferde sonderbare Spuren im feuchten Boden. Große Tatzen haben frische Abdrücke hinterlassen – das werden doch keine Bärenspuren sein? Mein Herz klopft bis zum Halse. Argwöhnisch blicke ich mich um. Was soll ich tun? Angst haben hat gar keinen Sinn – es ist weit und breit niemand da außer mir. Bären scheuen normalerweise den Menschen, und nur wenn sie überrascht werden, können sie gefährlich werden. Also muss ich dafür sorgen, dass ich schon von weitem gehört werde.

„Om tryambhakam – yajamahe
Sugandhim pushtivardhanam
Urvarukamiva bandhanan
Mrityor mukshiya maamritat",
laut singe ich ein schützendes Mantra. Es ist ein lebensspendendes Mantra und schützt unter anderem vor Unfällen jeder Art. Mein Herz begleitet die Worte, und ich merke, wie die schützende Energie mich ruhiger werden lässt. Außerdem, wenn ich ein Bär wäre, würde ich meinen Hunger lieber an einer gut genährten Kuh stillen als an so einer halben Portion, wie ich es bin.

Weiter geht es bergauf, eigentlich müsste ich schon längst im Ort sein, irgendwas stimmt da nicht. An der nächsten Wegmarkierung ist Quintanilla angeschrieben, durch den

Ort bin ich schon vor Stunden gekommen. Ich habe mich wieder einmal kilometerweit verlaufen.

Am Himmel entdecke ich dunkle Wolken und erste Donner künden vom heraufziehenden Gewitter. Ich hetze den Berg runter; mein Ziel ist die Landstraße, neben der in weiter Ferne Häuser zu sehen sind. Ich habe die Straße fast erreicht, da entdecke ich den richtigen Weg – anstatt rechts abzubiegen, bin ich geradeaus den Berg hoch gewandert. Windböen sind Vorboten des Sturmes und erste Regentropfen fallen auf mein Gesicht. 20 Minuten, lese ich, sind es noch bis in das Dorf. Schnell weiter, vielleicht schaffe ich es noch halbwegs im Trockenen. Gewitter im Gebirge, das ist noch unheimlicher als Bärenspuren. Bergab geht es wesentlich schneller.

Ich erreiche die ersten Häuser, und in der Mitte des Dorfes entdecke ich eine Pilgerherberge – wieder einmal ist sie geschlossen. Ich rufe die angegebene Telefonnummer an, aber irgendwie klappt es mit der Verständigung nicht, für Telefongespräche reichen meine Spanisch-Kenntnisse immer noch nicht aus.

Ein paar Häuser weiter entdecke ich eine Bar, die Besitzerin sperrt extra für mich als einzigen Gast auf. Kaum im Inneren, bricht der Sturm los. Heftiger Blitz und Donner sind von sintflutartigem Regen begleitet. Ich lasse mir eine heiße Schokolade schmecken. Dazu ein bisschen Knabberzeug, das ist alles, was die Bar zu bieten hat. An Weitergehen ist heute nicht mehr zu denken. Meine Frage nach einer Übernachtungsmöglichkeit wird verneint. Ich überlege – wenn alles nichts hilft, dann muss ich mit dem Bus weiterfahren. Das entlockt der Barbesitzerin ein Lachen – Bus, nein, das kann ich vergessen, es gibt keinen. Ich habe das Gefühl, ans Ende der Welt gekommen zu sein. Da hilft nur eine zweite heiße Schokolade. Langsam taut die junge Spanierin auf – ich hatte schon befürchtet, sie ist immun gegen meinen Charme. Ich erzähle, dass ich verheiratet bin und zwei Kinder habe, und ernte Kopfschütteln – das gäbe es in Spanien nicht; verheiratet, Kinder und dann allein auf dem Jakobsweg unterwegs sein – höre ich da Neid heraus?

Vielleicht sind deswegen so viele spanische Frauen nicht verheiratet – weil keine freiwillig in dieses Gefängnis will? Man hat immer die Freiheit, die man sich nimmt!

Keine Pilgerherberge, keine Betten, kein Essen, kein Geschäft, kein Autobus – ich scheine festzusitzen. Ich sehe mich in der Bar um – notfalls könnte ich auf dem Boden schlafen. Aber erst einmal frage ich nach dem Wetter morgen – Regen, Regen, Regen. Bei so einem miesen Wetter übernächtigt durch die Berge zu gehen, danach steht mir nicht der Sinn, es muss eine andere Lösung geben.

Ich wage einen letzten Versuch – gibt es jemanden im Ort, der mich gegen Bezahlung mit dem Auto fährt? Un momento, kurze Zeit später kommt sie zurück, ja sie weiß jemanden, aber es dauert etwas, bis er Zeit hat. So lege ich die letzten Kilometer nach Potes im Auto zurück. Der Fahrer flirtet mit mir. Wieder einmal greife ich zu meiner bewährten Ich-verstehe-dich-nicht-Taktik.

In Potes werde ich noch in eine Bar eingeladen, dann verabschiede ich mich.

In der Touristeninformation erhalte ich den Schlüssel für die Pilgerherberge. Ich bezahle drei Euro und werde von einer netten Dame zu meiner Unterkunft geführt, die sich unter einem Restaurant befindet. Die Pilgerherberge lässt keine Wünsche offen – mehrere große Schlafsäle mit neuen Stockbetten für 8 – 10 Personen, Sanitäranlagen mit Dusche für Frauen und Männer getrennt, eine große Küche und ein Speisesaal mit einer Reihe von Tischen und Stühlen. Und – Luxus pur – im Schlafsaal gibt es eine Heizung, über die ich meine ausgewaschenen Kleidungstücke zum Trocknen aufhänge. Wieder ein Problem, das in Wirklichkeit gar kein Problem ist, die Sachen sind morgen sicher trocken.

In einer Apotheke besorge ich mir neues Wasserblasenpflaster und fülle meinen Traubenzuckervorrat auf. Potes ist auf Tourismus eingerichtet – es gibt jede Menge Wallfahrt-Schnickschnack zu kaufen – und ich entdecke T-Shirts mit Aufdrucken von Wölfen und Bären. Der Verkäufer bejaht meine Frage, ob es diese Tiere hier in den Bergen gibt – also doch Bärenspuren.

Ich besuche die Kirche, es soll eine Messe geben, aber leider fällt sie aus.

Aus einem Nebenraum dringen Gitarrenklänge zu mir. Neugierig öffne ich die Türe und werde von der Gitaristin in den Raum geladen. Warum ich den Jakobsweg gehe? Ich erzähle von meiner Krankheit, von den vielen Hinweisen, was ich besser alles nicht mehr tun soll und wie leid ich diese Ratschläge bin. Ratschläge – die mich im wahrsten Sinn des Wortes erschlagen haben!

Nun kann ich anstatt an der Abendmesse an einer ganz persönlichen Andacht teilnehmen, in der ich der Liebe Jesu übergeben werde – er ist es, der mich gesund machen kann – ich muss nur daran glauben, ist die Botschaft der jungen Frau. Und ich bekomme die Geschichte einer an Diabetes erkrankten Frau erzählt, die durch ihren Glauben gesund geworden ist. Auf die Frage, warum ich an der Abendmesse teilnehmen wollte, antworte ich, dass ich die Gottesdienste auf dem Camino de Santiago als etwas Besonderes erlebe, auch wenn ich die Priester nicht verstehe. Jede Messe ist etwas ganz Besonderes, erklärt mir die junge Frau – die Engel stehen in der Kirche.

Sie verweist mich auf eine Bibelstelle, die ich mir durchlesen soll: Jesaja 53.

Wer hat unserer Kunde geglaubt?
Der Arm des Herrn – wem wurde er offenbar?
Vor seinen Augen wuchs er auf wie ein junger Spross,
wie ein Wurzeltrieb aus trockenem Boden.
Er hatte keine schöne und edle Gestalt,
so dass wir ihn anschauen mochten.
Er sah nicht so aus, dass wir Gefallen fanden an ihm.
Er wurde verachtet und von den Menschen gemieden,
ein Mann voller Schmerzen, mit Krankheit vertraut.

Wie einer, vor dem man das Gesicht verhüllt, war er verachtet;
wir schätzten ihn nicht.
Aber er hat unsere Krankheit getragen
und unsere Schmerzen auf sich geladen.
Wir meinten, er sei von Gott geschlagen, von ihm getroffen und gebeugt.
Doch er wurde durchbohrt wegen unserer Verbrechen,
wegen unserer Sünden zermalmt.
Zu unserem Heil lag die Strafe auf ihm,
durch seine Wunden sind wir geheilt.
Wir hatten uns verirrt wie Schafe, jeder ging für sich seinen Weg.
Doch der Herr lud auf ihn die Schuld von uns allen.
Er wurde misshandelt und niedergedrückt, aber er tat seinen Mund nicht auf.
Wie ein Lamm, das man zum Schlachten führt, und wie ein Schaf
angesichts seiner Scherer, so tat auch er seinen Mund nicht auf.
Durch Haft und Gericht wurde er dahingerafft,
doch wen kümmerte sein Geschick?
Er wurde vom Land der Lebenden abgeschnitten und wegen der Verbre-
chen seines Volkes zu Tode getroffen. Bei den Ruchlosen gab man ihm
sein Grab, bei den Verbrechern seine Ruhestätte, obwohl er kein Unrecht
getan hat und kein trügerisches Wort in seinem Mund war.
Doch der Herr fand Gefallen an seinem zerschlagenen Knecht,
er rettete den, der sein Leben als Sühnopfer hingab.
Er wird Nachkommen sehen und lange leben.
Der Plan des Herrn wird durch ihn gelingen.
Nachdem er so vieles ertrug, erblickt er das Licht.
Er sättigt sich an Erkenntnis.
Mein Knecht, der gerechte, macht die vielen gerecht,

er lädt ihre Schuld auf sich.
Deshalb gebe ich ihm seinen Anteil unter den Großen,
und mit den Mächtigen teilt er die Beute,
weil er sein Leben dem Tod preisgab
und sich unter die Verbrecher rechnen ließ.
Denn er trug die Sünden von vielen und trat für die Schuldigen ein.

Was hat das mit mir zu tun? Darauf wusste ich jetzt keine Antwort; vielleicht bekam ich die später einmal.

Auf die Frage, warum ich erkrankt bin, habe ich bis heute keine Antwort gefunden. Warum mein Immunsystem meinen Körper angreift. Warum werden die insulinproduzierenden Zellen zerstört, warum greift mein Immunsystem meine Schilddrüse an? Die Antikörper veranlassen meine Schilddrüse unbehandelt zu immer mehr Aktivität – mit der Folge, dass ich – zumindestens eine Zeit lang, sehr leistungsfähig bin. Mit dem Verlust der Bauchspeicheldrüsenzellen ist die Schwäche gekommen. Aktivität und Schwäche – warum?

Nach einem weiteren Lied ist die Andacht beendet. Die Gitarristin sagt, dass sie mich in ihre Gebete einschließen wird. Im nahegelegenen Geschäft kaufe ich Müsliriegel, Joghurt, Wasser und Mon chéris und verstaue die Sachen in meinem Quartier. Neben dem Eingang liegt ein Gästebuch – der letzte Pilger hat sich vor fast zwei Wochen eingetragen. Insgesamt sind in diesem Jahr erst vier Einträge zu verzeichnen. Ein Pilger – ein Augsburger – lese ich, hat im Februar hier genächtigt. Der Name bleibt mir flüchtig im Gedächtnis hängen. Ich schüttle meinen Kopf und denke an die Schneegipfel, die ich die letzten zwei Tage gesehen habe – ich kann mir beim besten Willen nicht vorstellen, dass der Weg im Winter zu Fuß gegangen werden kann. Weder ahne ich, welche überraschenden Begegnungen der Camino für mich noch bereithält, noch wie meine vorgefertigte Meinung und Vorstellung eines Besseren belehrt wird.

So und jetzt ist es Zeit, dass ich meinem Schätzchen sage, wo es mich heute Abend hin verschlagen hat.

Für mich ist bestens gesorgt, immer wieder geht eine Tür auf, immer wieder ergibt sich eine Möglichkeit, wenn ich denke, es geht nicht weiter.

Abends im Restaurant über der Herberge einmal mehr ein köstliches Tagesmenü. Der Rotwein zeigt langsam Wirkung, meine Muskeln lockern sich, meine vom schweren Rucksack strapazierten Schultern entspannen sich, und sogar die Schmerzen in meinen Knien lassen nach.

Und die ganze Zeit schüttet es. Im Ort gibt es bereits Hochwasseralarm. Der Bach hat sich in einen reißenden Strom verwandelt; das Wasser ist über das Ufer getreten, und die Feuerwehr ist die ganze Zeit im Einsatz. Die Pilgerherberge ist gleich neben dem Fluss, hoffentlich bleibt alles trocken.

Mein Abendessen schmeckt gut, aber es ist zu viel. Den Gürtel in meiner Hose habe ich heute wieder einmal ein Loch enger gestellt. Ich hab keine Ahnung, wie viel ich schon abgenommen habe – irgendwann werde ich mich wiegen.

Zurück in der Herberge, schlüpfe ich in meinen Schlafsack

und lausche dem Rauschen des Hochwassers. Santo Toribio ist morgen ab 10 Uhr geöffnet. Ich veranschlage eine Stunde für den Weg zum Kloster – also Zeit genug, dass ich einmal ausschlafen kann. Allein in der Dunkelheit der großen Herberge – langsam steigt Angst in mir hoch. Ich hole den kleinen Stoffhund in meinen Schlafsack und fühle mich nicht mehr ganz so allein. Dann telefoniere ich nochmals mit meinem Mann. Er legt sich das Telefon neben sein Bett, ich kann ihn die Nacht jederzeit anrufen, von diesen seinen Worten begleitet schlafe ich beruhigt ein ♥.

Donnerstag, 08.05.

Gänsehaut – oder Begegnung mit dem Licht

Der Morgen begrüßt mich mit Sonnenschein. Ich lebe noch! Da gehe ich ohne irgendetwas einfach drauflos in die Berge und denke mir nichts dabei, aber die Nacht allein in der Herberge zu verbringen, bereitet mir Angst! Darüber lasse ich mich nicht nochmals verunsichern. Nietzsches „Tu, was du fürchtest – und die Furcht stirbt" kommt mir in den Sinn. Vergeblich suche ich die große Küche nach einem Löffel ab, die Schränke sind alle leer. Also zum Frühstück anstelle des Joghurts einen Müsliriegel. Das nächste Mal packe ich neben meinem Taschenmesser Plastikbesteck ein.

Den Schlüssel der Herberge werfe ich in den Briefkasten der Touristeninformation ein und mache mich auf den Weg ins höhergelegene Kloster. Eine große Pilgerstatue weist mir den Weg links die Landstraße hinauf.

Auf der Terrasse einer geöffneten Bar genieße ich bei einem Cafe con leche die Sonnenstrahlen auf meinem Gesicht – die Welt sieht gleich ganz anders aus.

Erneut schultere ich meinen Rucksack und wandere die letzten 3 km nach Santo Toribio auf der wenig befahrenen Landstraße. Ich bin neugierig auf das, was mich hier erwartet; mein Herz wird schon wissen, warum es mir diesen Weg gewiesen hat.

Als erstes sichte ich ein großes steinernes Gebäude, eine neue Albergue, die zum letzten Heiligen Jahr 2006 eröffnet wurde, wie ich später erfahre.

Ein paar Schritte später habe ich das Kloster erreicht. Die Kapelle begrüßt mich mit tiefer Stille. Aus einer Seitenkapelle links vor dem Altar leuchtet ein helles Licht. Geblendet schließe ich meine Augen, aber das Strahlen bleibt trotz meiner geschlossenen Augen weiter sichtbar. Langsam nähere ich mich der Nebenkapelle. Sie ist durch ein Gitter abgesperrt. Unter einem goldenen Baldachin befindet sich ein großes Kreuz; das Licht strahlt aus dem Inneren. Mir kommen die Tränen, andächtig bete ich. Die Zeit scheint still zu stehen. Um 11 Uhr öffnet ein Mönch für mich die Kapelle. Er nimmt das von außen mit Gold verzierte Kreuz und reicht es mir. Zu meinem eigenen Erstaunen sinke ich ergriffen auf meine Knie. An einer Stelle kann das Holz des Kreuzes berührt werden – ich küsse diese Stelle. Ich fühle das Licht auf mir und in mir, spüre, wie die Gnade Jesu mich berührt. Wieder kommen mir die Tränen. Kurze Zeit darf ich noch an diesem Ort bleiben, dann wird wieder zugesperrt.

Dem Mönch erzähle ich auf sein Nachfragen von meiner Pilgerreise ab Irun über Santo Toribio nach Santiago de Compostela. Er stellt fragend fest: katholisch? Was spielt das für eine Rolle, ob katholisch oder evangelisch – es ist doch der gleiche Glaube, aber zu seiner Beruhigung und um weiteren Erklärungen aus dem Weg zu gehen nicke ich. Und wer nicht glaubt, kann das Licht und die Kraft nicht wahrnehmen. Ich setze mich vor die Seitenkapelle und genieße weiter die Atmosphäre. Schade, dass es keine Kerzen zum Anzünden gibt.

Von draußen dringt lauter Lärm zu mir. Ich höre eine Stimme über Lautsprecher. Auf Anweisung des Mönches gehe ich nach draußen. Viele Menschen sind mit Bussen angekommen. Sie sitzen vor einer Leinwand, auf der die Geschichte des Lignum Crucis gezeigt wird. Ich bin froh, dass ich so früh im Kloster angekommen bin und die Kapelle eine Stunde für mich allein gehabt habe. Ein Pater, den ich vorher schon beim Gebet in der Kirche gesehen habe, kommentiert den Film. Er kommt auf mich zu, begrüßt mich und streicht über meinen Arm. Offensichtlich freut er sich darüber, mich zu sehen. Wie ich später erfahre, handelt es sich bei ihm um Pater Luis, den Superior des Klosters. In einem Nebenraum bekomme ich einen Stempel für meinen Pilgerpass und trage mich in ein Pilgerbuch ein. In diesem Jahr 2008 gibt es erst wenige Einträge.

Im Kreuzgang des Klosters sind die Apokalypsekommentare des Mönches Beatus ausgestellt, die er im Jahr 776 geschrieben hat. Die Bilder dazu sind faszinierend. Die Illustrationen zählen zu den schönsten des frühen Mittelalters und machten das Kloster von Santo Toribio de Liébana in der gesamten Christenheit berühmt.

Vor dem Kloster lasse ich ein Foto von mir machen. Schon steht wieder Pater Luis hilfsbereit neben mir, ob ich etwas brauche. Ich habe das Gefühl, an diesem Ort sehen viele Augen aufmerksam auf mich.

Der Mönch, der mir den Schrein geöffnet hat, bemerkt, ich sei auf dem Weg in Begleitung. Wie Recht er hat, allein und trotzdem nicht allein. Je länger ich allein in der Natur unterwegs bin, umso mehr öffne ich mich für das, was noch alles zwischen Himmel und Erde ist, was unseren Augen normalerweise verborgen bleibt.

Im Andenkenladen entdecke ich ein kleines Bild von einem Schutzengel, der über zwei Kinder wacht, die bei Gewitter in den Bergen auf einem Holzsteg über einen reißenden Gebirgsbach gehen. So sieht in meiner Vorstellung mein Schutzengel aus. Außer dem Bild kaufe ich noch ein paar Postkarten.

Pater Luis erkläre ich mit nach oben zum Himmel erhobenen geöffneten Händen, dass dieser Ort etwas Besonderes ist – er versteht, was ich meine. Zum Abschied bittet er mich, in Santiago für die Mönche im Kloster zu beten.

Nachdenklich führt mich mein Weg zurück nach Potes. Vor zehn Jahren auf dem französischen Weg hatte ich kurz vor Santiago eine Vision. In dieser Vision sah ich Jesus am Kreuz und habe das Leid wahrgenommen, das die Kirche im Namen der Liebe über die Menschen gebracht hat. Das war der Grund, warum ich bis vor kurzem in keine Kirche mehr gehen konnte, hier war ich dem Schmerz nahe. Diese Mal öffnete ich mich für die Gnade, die uns Menschen durch die Kreuzigung Jesu zuteil wird.

Kaum zurück in Potes angekommen, fängt es wieder einmal heftig an zu schütten. Nachmittags treffe ich in einem Lokal Belgier, sie belächeln das Beten im Kloster. Schade, dass sie ihr Herz nicht geöffnet haben für das Licht – sonst könnten sie sich über diese Energie nicht lustig machen.

Wir täten gut daran, die Dinge nicht immer durch die Brille unserer vorgefertigten Meinung zu betrachten, dann sind wir offen für Erfahrungen, die weit über unsere bisherige Sichtweise hinausgehen.

Ich schreibe meine ersten und letzten Postkarten auf dem Camino. Eine adressiere ich an die diabetologische Schwerpunktpraxis. Wahrheitsgemäß berichte ich über meine schwankenden Zuckerwerte und dass ich meine Stoffwechsellage dank Insulinpumpe im Griff habe. Und von den Bärenspuren und von Santo Toribio. Warm denke ich an den Diabetesberater der Praxis; bei meinem letzten Termin, kurz bevor ich aufgebrochen bin, sagte er mir, dass er keinen Moment daran gezweifelt habe, dass ich mein Vorhaben verwirklichen würde. Selber seit seiner Jugendzeit an Diabetes Typ 1 erkrankt, schien er unverkennbar seine Freude daran zu haben, mit welcher Zielstrebigkeit ich mein Ziel verfolgte. Geduldig hatte er meine Fragen beantwortet und war meine Vorbereitungen mit mir durchgegangen.

Der Regen lässt nicht nach, und ich beschließe, zum Küstenweg zurück nach Unquera mit dem Bus zu fahren. Für eine heiße Schokolade reicht die Zeit noch. In der Bar gibt es ein Wiedersehen mit der Gitarristin von gestern Abend. Ich berichte von den Spuren der Tatzen im feuchten Boden. Sie bestätigt mir, dass es in den Picos de Europa Bären gibt. Ich habe mich nicht verlaufen, ich war auf dem richtigen Weg – wann sieht man schon Bärenspuren! Der kürzeste Weg ist oft der langweiligste und uninteressanteste. Auf Umwegen gibt es viel zu erleben.

Außerdem bekomme ich zu hören, dass die Engel mich begleiten, besonders der Erzengel Michael. Ich zeige das Bild mit dem Engel, das ich in Santo Toribio gekauft habe, und drücke die junge Frau zum Abschied fest.

Kurz darauf sitze ich im Bus. Durch das Fenster sehe ich, wie das Unwetter gewütet hat. Bäche haben sich in reißende Flüsse verwandelt und stellenweise liegt Geröll auf der Straße. Bin ich froh, dass ich mich für die Rückkehr zum Camino für den Bus entschieden habe.

In Unquera gibt es keine Albergue. Auf der Suche nach einer Unterkunft kommen mir zwei Frauen entgegen. Irgendwoher kenne ich eines der Gesichter. Und schon bekomme ich auf Deutsch den Hinweis auf ein Hostal mit der Möglichkeit, als Pilger für 14 Euro zu nächtigen. Die Dame, die mir vor ewig langen Zeiten – so kommt es mir vor – wieder in den Besitz meiner Wanderstöcke verholfen hat. Dankend mache ich mich auf den Weg und schon kurze Zeit später liege ich gemütlich im Bett.

Richtig erholt fühle ich mich nach den heutigen wenigen Kilometern. Trotzdem bin ich kurz darauf über meinem Tagebuch eingeschlafen.

Freitag, 09.05.

Endlich ein geduldiger Zuhörer
oder mein Freund der Esel

Über eine 100 m lange Brücke verlasse ich früh morgens Kantabrien und erreiche Asturien. Hier sind die Markierungen für den Jakobsweg deutlich besser. Typisch sind außer den gelben Pfeilen die Kacheln, die an Hauswänden oder an ca. 80 cm hohen Monolithen angebracht sind. Bei dem auf den Kacheln angezeigten Sternsymbol zeigt der Stern die Richtung an, der einen Schweif hinter sich herzieht. Noch – in der nächsten Provinz, in Galicien wird es dann genau entgegengesetzt. Dort weist die Öffnung den Weg. Hoffentlich bringe ich das nicht durcheinander, sonst werden es einige Kilometer zusätzlich werden! Aber bei den vielen Umwegen, die ich schon gegangen bin, kommt es auf einige Kilometer zusätzlich nicht mehr an.

Es geht eine Piste bergauf an einer Koppel entlang. Von weitem begrüßt mich ein Esel mit lautem I-A und kommt mir freudig mit dem Schwanz wackelnd entgegen. In dem Esel habe ich einen geduldigen Zuhörer, der sich meine Erlebnisse der letzten zwei Tage aufmerksam erzählen lässt. Zwischendurch kommentiert er mit einem interessierten I-A. Was für eine angenehme Unterhaltung. Und wieder ist ein Esel bei einer Geburt dabei – diesmal bei der Geburt Jesu in mir, bei der Wiedergeburt meines Glaubens, den ich durch viele Krisen, durch viel Hadern hindurch verloren geglaubt hatte. Warum heißt es eigentlich „störrischer Esel"? Weil es der Esel sich nicht nehmen ließ, zum richtigen Zeitpunkt an der richtigen Stelle zu sein? Auch ich war zum richtigen Zeitpunkt auf dem richtigen Weg – „störrische Beate". Unbeirrt blieb ich mir, auch bei widrigen Umständen und entgegen den Ratschlägen vieler angeblich besser Wissenden, selber treu – „störrische Beate". Schamanen gingen und gehen in die Natur und warten auf die Begegnung mit ihrem Tier – mir würde sich wahrscheinlich ein Esel zeigen.

Der Esel begleitet mich bis ans Ende der Koppel. Ich teile mein Frühstück mit ihm, ein Müsliriegel, der sichtlich schmeckt. Zum Abschied mache ich von meinem Freund ein Foto. Froh setze ich meinen Weg fort.

Es fängt wieder einmal an zu regnen. Zwischenzeitlich gelingt es mir ganz gut, allein das Regencape über mich und den Rucksack zu ziehen. In Colombres vor einer Unterkunft treffe ich drei Polen, die mit dem Fahrrad von Irun nach Santiago unterwegs sind. Eine junge Frau mit fiebrigen Augen ist verwundert, dass ich so glücklich aussehe, obwohl es regnet – wie Recht sie hat. Ich wünsche ihr gute Besserung und buon Camino.

In Pendueles verlasse ich den Camino und weiche wieder einmal auf den E 9, den Küstenwanderweg aus. Herrliche Ausblicke auf die Steilküste entlohnen mich für den drei Kilometer längeren Weg. Drei Kilometer sind bei meinem langsamen Tempo fast eine Stunde Gehzeit. In einem Eukalyptuswald biege ich rechts nach Llanes ab. Llanes ist einer der bekanntesten Badeorte Asturiens. Die größte Sehenswürdigkeit der Stadt sind bunt bemalte große Steinblöcke, die „Cubos de la memoria", die sogenannten Erinnerungswürfel, die der baskische Maler und Bildhauer Agustin Ibarrola im Jahr 2001 geschaffen hat.

Nach einer heißen Schokolade beschließe ich weiterzugehen. Sechs Kilometer weiter finde ich in Celorio eine Pension, in der ich einen Pilgerrabatt bekomme und relativ günstig in einem schönen großen Zimmer mit Bad und Dusche übernachte. Die Vermieterin schiebt einen Gasofen ins Zimmer. Mir wachsen schon Schwimmflossen von dem vielen Regen, alles ist nass, nasse Hose, nasse Schuhe, nasse Socken, nasse ärmellose Softshell-Jacke, sogar durch meine Goretex-Jacke ist der Regen durchgedrungen. Ich wasche das Notwendigste aus und hänge die Sachen über dem Ofen auf. Meine Schuhe platziere ich günstig, damit sie auch von innen trocknen können. Morgens in trockene Schuhe zu schlüpfen, ist absoluter Luxus.

Der Küstenabschnitt um Llanes ist traumhaft, aber auch ein teures Pflaster.

Traubenzucker ist in Spanien, wenn überhaupt erhältlich, sehr teuer – drei Päckchen kosten fünf Euro, und zu kaufen gibt es ihn nur in Apotheken. Stattdessen habe ich heute zwei Päckchen Gummibärchen erstanden. Normalerweise finde ich die eklig, aber heute habe ich auf einen Satz ein ganzes Päckchen aufgegessen. Meine Kohlenhydratspeicher in Leber und Muskeln sind wahrscheinlich total ausgelaugt und wollen sich wieder auffüllen; aber warum meine ich mich dafür entschuldigen zu müssen? Wie immer es auch sein mag, sicherlich sind die Gummibärchen eine preisgünstige Alternative zum Traubenzucker.

Nach der Ruhe und Einsamkeit in den Bergen fühle ich mich vom „Lärm" und „Trubel", den ich heute vorgefunden habe, wie erschlagen. Gut, dass ich auf den Küstenwanderweg ausgewichen bin, hier war ich bei dem Regen fast die ganze Zeit allein unterwegs. Heute habe ich wieder mein übliches Pensum bewältigt, um die 33 Kilometer. Das Abendessen lasse ich ausfallen. Bei dem Regen habe ich keine Lust, nochmals aus dem Zimmer zu gehen. Lieber kuschele ich mich ins warme Bett.

Kurz telefoniere ich mit meinem Mann ♥, dann bin ich schon eingeschlafen.

Samstag, 10.05.

Regen, Regen und nochmals Regen   *s. m.*

Um kurz nach 6 Uhr stehe ich auf und packe meine Sachen zusammen. Ein Blick aus dem Zimmer, und ich sehe wieder nur Regen, Regen, Regen. Kurzentschlossen lege ich mich nochmals hin und schlafe weiter. Um 10.30 breche ich dann auf. Regen, Regen, Regen, das Wasser läuft schon oben aus den Schuhen raus.

Ich hätte im Bett liegen bleiben und die heutige Etappe ausfallen lassen sollen – entnervt erreiche ich Ribadesella. Gleich neben dem Strand beziehe ich in der Jugendherberge Quartier und finde bekannte Gesichter vor – von dem Engländer, den ich in der Herberge in Bilbao getroffen habe, werde ich wieder einmal zu vino tinto, Brot und Käse eingeladen. Morgen feiert er seinen 54. Geburtstag.

So gestärkt, breche ich zum Einkaufen auf. In einer Bäckerei besorge ich zwei Nusstortenkugeln für das morgige Geburtstagsfrühstück.

Zum Abendessen erwartet mich in einer Bar ausgelassene Stimmung. Ein Spanier trägt eine Perücke mit langen Haaren, einen BH über dem T-Shirt und eine Schürze. Im Kreis seiner Freunde feiert er seinen Junggesellenabschied. Der Barbesitzer versucht mir verständlich zu machen, dass die Männer heute ein bisschen verrückt sind – ich beruhige ihn damit, dass das bei den deutschen Männern nicht anders ist. Und wirklich – wenn das kein Grund zum Feiern ist!

Nebenbei läuft der große Flachbildschirm – gebannt verfolgen etliche Gäste das Fußballspiel und lassen sich zu Begeisterungsstürmen hinreißen, wenn die richtige Mannschaft ein Tor schießt. Mit zufriedenem Magen mache ich mich durch den Regen auf den Weg zurück zur Jugendherberge und falle in mein Bett. Meine Knie entlaste ich mit einer zusammengerollten Decke, die ich als Knierolle verwende.

Um Mitternacht erwache ich durch laute Knalle. Was ist denn jetzt los? Neugierig taste ich mich zum Fenster. Ein Feuerwerkskörper nach dem anderen explodiert im dunklen Nachthimmel und verwandelt ihn in ein Farbenmeer. Vergebens versuche ich, den Engländer wach zu machen – ein Feuerwerk zu seinem Geburtstag. Unbeeindruckt dreht er sich um und schläft weiter. Nachdenklich wandert mein Blick zurück zum Himmel. Wie viel hält das Leben für uns bereit, und wir verpassen es, weil wir meinen, jetzt ist nicht der richtige Zeitpunkt dafür. Morgen, am Wochenende, wenn ich Urlaub habe, wenn die Kinder groß sind, wenn ich in Rente bin, später, jetzt nicht – mit dieser Entschuldigung lassen wir das Leben an uns vorbeiziehen. Ja und später, wenn wir alt geworden sind und glauben, Zeit dafür zu haben, befällt uns die Ahnung, was wir alles verpasst haben und wofür es jetzt zu spät ist. Von da ist es nur ein kleiner Schritt zu Depressionen. Jeder Augenblick will bewusst wahrgenommen werden, will mit Leben gefüllt sein, von dem wir kosten können, und will nicht aufgeschoben werden auf später, wenn ich meine, Zeit zu haben. Meine Gedanken schwinden langsam, während ich den erleuchteten Himmel bewundere. Kurz darauf ist das Spektakel vorüber, und ich schlüpfe zurück in meinen Schlafsack.

Ich lass mich nicht aufhalten!

Zwangspause in Gijon

Der Hafen von Luarca

Der traumhafte Blick
auf das Meer von der
Pilgerherberge in
Tapia de Casariego

Mondoñedo, Perle am Wegrand

95

Sonntag, 11.05.

Alles Gute zum Muttertag

Happy Birthday – zu diesen Wünschen gibt es ein üppiges Geburtstagsfrühstück – leckere Torte. Der Engländer freut sich sichtlich darüber. Nach dem Frühstück verabschieden wir uns – wir werden uns nicht mehr wiedersehen, ab hier werden sich unsere Wege endgültig trennen. Ich werde weiter auf dem Küstenwanderweg unterwegs sein, und der Engländer wird bald zum Camino Primitivo abzweigen, um durch das Gebirge nach Santiago zu kommen.

Während ich die schöne Uferpromenade entlang wandere, wagen sich die ersten Sonnenstrahlen hinter den Wolken hervor, hoffentlich für länger.

Auf dem Weiterweg schließt sich mir eine Schweizerin an. Sie erzählt, dass sie ihre Freundin ein Stück des Jakobswegs begleiten wollte, aber ihre Freundin hat aufgegeben, und sie weiß nicht recht, ob sie sich zutraut, allein ohne Führer weiterzugehen. Ich lade sie ein, mich ein Stück des Weges zu begleiten. Und nachdem ich heute ausnahmsweise einmal etwas zum Essen in meinen Rucksack gepackt habe, lassen wir es uns zum Brunch bei Käse, Chorizo und Brot gut gehen.

Bei La Isla führt der Weg zurück ans Meer. In einem Strandcafe lasse ich mir – wie kann es anders sein – eine heiße Schokolade schmecken.

Meine immer noch nassen Socken hänge ich zum Trocknen über einen Stuhl, die feuchten Schuhe stelle ich in die Sonne. Dafür sitze ich anderweitig im wahrsten Sinn des Wortes auf dem Trockenen. Meine Insulinpumpe vibriert sechs Mal – das bedeutet: keine Abgabe von Insulin. Ich wechsle Reservoir und Katheder aus, die gebrauchten verschließe ich in der Kathederverpackung mit Pflaster. Das Ganze wird vom Kellner misstrauisch beäugt.

Bei einer zweiten heißen Schokolade rufen meine Kinder an. Mir rutscht mein Herz in die Hose, es wird doch nichts passiert sein? Weit gefehlt – ein fröhliches alles Gute zum Muttertag klingt mir entgegen. Muttertag – wie weit liegt das weg.

Die Schweizerin verabschiedet sich, sie will mit dem Bus weiterfahren. In dem Ort soll es am Strand eine schöne Pilgerherberge geben, aber es ist noch nicht einmal Mittag, die Sonne scheint, und so beschließe ich weiterzugehen.

In der nächsten Stadt gibt es am frühen Nachmittag in einem Lokal ein Tagesmenü. Ich ergattere den letzten freien Platz. Am Nebentisch sitzt eine Familie mit ihren zwei Kindern beim Essen. Die Spanierin fragt mich: Camino Santiago? Auf meine Bejahung steht sie auf, gibt mir die Hand und wünscht mir eine glückliche Reise. Mir wird es warm ums Herz.

Der Camino führt mich weiter vom Meer weg, und es geht wie gehabt bergauf und bergab, bis ich unter einer gigantischen Autobahnbrücke hindurch Sebrayo erreiche. Nach 34

Kilometern glaube ich mich für heute am Ziel. Aber weit gefehlt. Eine Gruppe Spanier ist auf dem Camino die ca. 200
Kilometer von Santander nach Oviedo unterwegs und hat
die 14 Betten der Herberge belegt. Meine Frage, ob es vielleicht eine Matratze gibt, wird verneint. Mit Tränen in den
Augen breche ich nach Villaviciosa auf. Es ist schon 19.30
Uhr und es liegen noch 7 Kilometer vor mir. Das ist nicht
mehr im Hellen zu machen. Ich hole meine Stirnlampe aus
meinen Rucksack und verstaue sie für alle Fälle schon mal
in meiner Jackentasche. Leider finde ich nicht den richtigen
Weg und habe die Wahl, entweder wieder ein großes Stück
zurück oder die letzten Kilometer auf der Nationalstraße zu
gehen. Nachdem sich am heutigen Sonntag der Verkehr in
Grenzen hält und mein linker Fuß mir Beschwerden bereitet, entscheide ich mich für die kürzere Variante. Das letzte
Stück wird zur Tortour. Mit jedem Meter, den ich weiterge-
he, werden die Schmerzen in meinem Fuß stärker. Erleichtert erreiche ich mit Einbruch der Nacht Villaviciosa.
Eine Pilgerherberge hat die Stadt nicht zu bieten, aber in
einem kleinen Gemüseladen erfrage ich eine günstige Unterkunft. Über dem Cafe Rex können Pilger für 20 Euro nächtigen, das Frühstück eingeschlossen. Am Telefon jammere
ich meinem Mann etwas vor, und gleich sind die Schmerzen
nicht mehr so schlimm.

Montag, 12.05.

Zwangspause

Trotz Arnica kann ich nicht mehr auftreten, mein Fuß ist rot und geschwollen. Ich versorge erstmal meine Wasserblasen und dann begebe ich mich ins Cafe zum Frühstück. Gut, dass ich Wanderstöcke habe, ohne die könnte ich keinen Schritt auftreten. Bei einem Milchkaffee überlege ich, was meinem Fuß fehlen könnte. Von Zerrung bis hin zum Ermüdungsbruch kommt mir alles in den Sinn. Das gehört abgeklärt.

In der Gemeindeverwaltung zeigt mir ein Polizist den Weg zum nahegelegenen medizinischen Versorgungszentrum. In der Verwaltung brauchen sie meine Versichertenkarte, habe ich aber nicht, weil ich privat versichert bin. Es dauert, bis ich mich mit Hilfe meines Wörterbuches verständlich machen kann. Die vielen unbekannten Vokabeln sorgen für Schweißausbrüche.

Endlich sitze ich vor einem Sprechzimmer und warte darauf, dass ich aufgerufen werde. Der Arzt untersucht mich kurz und diagnostiziert eine Zerrung. Ich bekomme zwei- bis dreitägige Ruhe verordnet, und anschließend wird mein Fuß von einem Pfleger eingebunden. Die Rechnung über 65 Euro soll ich in der nebenliegenden Bank einzahlen, da kostet es keine Gebühren.

Zurück im Zimmer, lege ich mich ins Bett. Was soll ich jetzt machen? Ich beschließe, mit dem Bus in das nahegelegene Gijon zu fahren.

Humpelnd mache ich mich auf den Weg zum Busbahnhof. Eine Spanierin fordert ihrem Mann auf, er soll ein Foto von mir machen – ärgerlich wehre ich ab.

Am Bahnhof warte ich auf den Bus und erreiche kurze Zeit später Gijon.

In der Innenstadt finde ich in der Nähe der Strandpromenade eine private Unterkunft für 15 Euro die Nacht. Ich sehe mich in dem Zimmer um, das für die nächsten zwei Tage mein Zuhause sein wird. Das Wichtigste ist das große, bequeme Bett, das ich auch gleich ausprobiere. Ein Zimmer für mich allein, in Ruhe schlafen können, keine Schnarcher – Luxus pur, mit diesem Gedanken schlafe ich ein. Immer wieder wecken mich die Schmerzen auf, ich weiß nicht, wie ich mich drehen und wenden soll. Sogar die aufliegende Decke erscheint mir zu viel Gewicht auf meinem linken Fuß.

Dienstag, 13.05.

An weitergehen ist immer noch nicht zu denken

Bis spät am nächsten Vormittag bleibe ich im Bett und döse vor mich hin. Ein paar homöopathische Mittel habe ich schon versucht, aber keines hat so richtig geholfen. Selbst Arnica hat nur kurze Zeit eine Verbesserung gebracht. Ich setze per SMS einen Hilferuf an meine Freundin ab in der Hoffnung, dass sie ein passendes Mittel findet.

Pfingsten habe ich mir wirklich anders vorgestellt. In Bonn findet das Qi-Gong-Pfingsttreffen statt. Auch ich übe Qi-Gong und klinke mich in die Energie ein, und langsam komme ich in die Entspannung; mein Körper fängt an sich zu öffnen und zu schließen und Qi strömt ein.

Für das chinesische Wort Qi gibt es keine deutsche Übersetzung. Am nächsten kommt der Begriff Lebensenergie, aber auch Sonne, Mond und Sterne besitzen Qi. Für Qi gibt es keine räumlichen oder zeitlichen Grenzen, vergleichbar ist das mit einem Traum. So ist es trotz der um die 3.000 km Entfernung für mich möglich, von meinem Qi-Gong-Lehrer und dem Qi-Feld im Seminar Unterstützung zu bekommen.

Zwei Stunden später fängt mein Magen an zu knurren, ich ziehe mich an und mache mich mit Hilfe meiner Stöcke auf den Weg. Heute lasse ich mir Käse, gemischten Salat, Seezunge mit Brot und als Nachspeise Flan – eine Art Pudding – schmecken. Dazu gibt es Rotwein und Wasser.

350 km liegen noch vor mir. Ich darf nicht gleich ans Aufgeben denken, nur weil die Dinge anders laufen, als ich es mir vorstelle. Freiwillig habe ich keine Pause gemacht, dafür habe ich jetzt Zwangspause. Mein Flug nach Hause geht erst in drei Wochen. Ich habe also noch genügend Zeit, an mein Ziel zu kommen. Mein Blick wandert in die Runde – Wahnsinn, welche Mengen Cidre die Spanier schon mittags trinken und im Anschluss wieder ihrer Arbeit nachgehen. In Gijon gibt es viele Siderias, ist doch hier die Heimat des Apfelweines. Fasziniert beobachte ich, wie die Kellnerin das Getränk treffsicher aus ein Meter Höhe in ein Glas gießt, so kann es genug Sauerstoff atmen. Wahrscheinlich genau das Richtige für die Verdauung, nach der deftigen Küche Asturiens. Meine Treue aber gilt dem Rotwein, dem ich nicht minder zugetan bin wie die Spanier ihrem Cidre.

Durch die Schmerzen sind meine Zuckerwerte nicht in den Griff zu kriegen. Immer wieder zeigt mein Messgerät einen hohen Wert an, kein Wunder, dass ich mich müde und schlapp fühle.

Ich lege einen Großwaschtag ein – jetzt ist genügend Zeit, dass die Sachen trocknen können. Anschließend lege ich mich wieder hin und verschlafe beinahe die Geschäftsöffnungszeiten; das geht nicht, ich brauche dringend Gummibärchen und ein zweites Tagebuch, mein altes ist vollgeschrieben.

Auf dem Weg frage ich eine ältere, gut gekleidete Dame nach einem Schreibwarengeschäft. Sie würdigt mich keines Blickes. Ich weiß, dass ich in Leggins und Flipflops nicht besonders aussehe, aber diese Reaktion! Aber so ist das, wir sehen etwas und machen uns ein Bild, von dem wir meinen, dass es der Realität entspricht. Aber die Wirklichkeit sieht ganz anders aus. Je mehr solcher Bilder, je mehr Vorstellungen wir haben, umso weniger sehen wir. Und ich bin beileibe keine Bettlerin, sondern eine verletzte Pilgerin.

Nun ja, ich bin auch in einer Großstadt mit Eleganz. Ich versuche mich zu orientieren und finde die „Calle Juan Carlos", hier geht der Camino weiter.

Ein Spanier fragt mich, ob ich Deutsche bin. Ja. Schon beginnt er ein Gespräch mit mir. Schön, wieder einmal deutsch reden zu können.

Der Himmel sieht schon wieder nach Regen aus. In einer Bar bei einer heißen Schokolade sende ich eine SMS nach Hause. Vielleicht kann meine Familie im Internet einen Osteopathen/in finden; und wie wird das Wetter? Trotz der Schmerzen habe ich die Hoffnung auf eine morgige nächste Etappe noch nicht ganz aufgegeben. Kurz darauf die Antwort, ein Osteopath/in ist nicht rauszufinden, und es wird wieder einmal Regen geben. Und ich soll nicht so ungeduldig sein!

Was ich mit meinen Fuß angestellt habe, möchte der Barbesitzer wissen? „Zuviel gelaufen". Nach einem Glas Rotwein humpele ich in mein Zimmer zurück. Ich bin schon wieder hundemüde.

Mittwoch, 14.05.

Was für ein Hundeleben

Am nächsten Tag schmerzt mein Fuß weiter, wenn auch nicht mehr so stark. An weitergehen ist noch nicht zu denken. Meine Freundin hat mir ein paar homöopathische Arzneien angeraten, die mir helfen könnten. Leider habe ich nur die kleine Taschenapotheke dabei, die genannten Mittel sind da nicht drin. Das passiert mir nicht noch einmal. Stattdessen besorge ich mir in einer Apotheke ein Schmerzmittel.

Wenigstens scheint Sonne, und ich übe am Stadtstrand stilles Qi-Gong. Aus dem stillen Qi-Gong hat sich die Akupunktur entwickelt. Nur wird hier der Qi-Fluss nicht durch das Setzen von Nadeln, sondern auf einer tieferen Ebene durch die Vorstellung angeregt. Auf diese Art und Weise können Blockaden in den Meridianen überwunden werden. Krankes, verbrauchtes Qi wird ausgeschieden und der Körper füllt sich mit frischer Energie auf. Auf dem Rückweg zur Pension Argentina „verlaufe" ich mich und stolpere über eine homöopathische Apotheke. So ist das im Leben, wenn man etwas unbedingt will, bleibt es weg, und sobald wir den Wunsch loslassen, kommt es von allein. Durch Verlaufen den richtigen Weg finden! Die von mir benötigten Mittel sind vorrätig. In der Hoffnung, dass mein Fuß Unterstützung bekommt, lasse ich zwei Globulis auf der Zunge zergehen.

Danach gibt es – wie kann es anders sein – ein Mittagsmenü. Die letzten zwei Tage habe ich mehr gegessen als die ganze vorhergehende Woche.

Nach einem starken Regenschauer wagt sich erneut die Sonne durch die Wolken, und ich genieße die Ruhe am Strand.

Ein Mann geht mit seinem großen schwarz-weißen Zottelhund spazieren. Der Hund kann nicht mehr, fällt hin und bleibt mit ausgestreckten Beinen liegen. Der Mann zieht seinen Hund am Fell hoch, stellt ihn wieder auf die Beine, sie gehen ein paar Schritte, der Hund bricht wieder zusammen, das Szenario wiederholt sich. Immer wieder wird an der Leine gezogen, der Hund schimpfend auf die Füße gestellt. Auf diese Art und Weise überqueren die Zwei den ganzen Strand. Empörte Blicke einer Spanierin folgen den beiden.

Wie oft gehen wir so mit uns um. Eigentlich können wir schon längst nicht mehr, aber irgendetwas zieht uns hoch, treibt uns an und wir machen weiter. Der Wunsch nach Anerkennung, nach Liebe, das Gefühl, nicht gut genug zu sein, was immer uns antreibt. Oder wie in meinem Fall, dass ich mir und allen, die mir einreden wollen, dass ich bei Unterzuckerungen auf fremde Hilfe angewiesen bin, beweisen will, dass ich sehr wohl in der Lage bin, mir selber zu helfen.

Alles, was wir im Außen wahrnehmen, ist ein Ausdruck unseres Selbst. Die Alchemie beschreibt das mit den Worten, wie oben so unten, wie innen so außen.

Ein erneuter Wolkenbruch vertreibt mich vom Strand in die nächste Bar. Höchste Zeit für ein oder zwei Gläser Rotwein.

Donnerstag, 15.05.

Auf ein Neues

Mein Fuß fühlt sich zwar noch nicht gut, aber besser an, und ich beschließe weiterzugehen. Ich packe meinen Rucksack und kurz drauf nimmt mich der Camino erneut auf.

Am Ortsende von Gijon nach einer heißen Schokolade glaube ich meinen Augen nicht zu trauen – die Rascheltante legt neben der Straße einen Striptease hin und zieht sich um. Jedes Mal wenn ich die Frau treffe, weiß sie etwas, über das sie sich beschweren kann. Diesmal ist es der fehlende Hinweis am Ortseingang von Gijon darauf, dass die Jugendherberge geschlossen ist, was ihr Missfallen erregt hat. Sie und ihr Mann gehen auf der Nationalstraße geradeaus weiter, aber der Weg zweigt hier ab. Ich und zwei andere deutsche Pilgerinnen rufen ihnen nach, Lastwagenfahrer deuten mit ihren Händen den richtigen Weg und hupen. Aber klack, klack, klack, unbeeindruckt werden die Stöcke auf der vielbefahrenen Straße aufgesetzt. Die Frau voran, der Mann trabt hinterher – sie weiß einfach, wo es langgeht.

Mein Weg führt durch qualmendes Industriegebiet den Berg hinauf in den Wald. Langsam wird die Luft wieder besser. Hier treffe ich die beiden Pilgerinnen wieder, die ganz in der Nähe von meinem Heimatort wohnen.

„Bist du die Diabetikerin, die allein unterwegs ist?" Verdutzt blicke ich die beiden an. Woher wissen die davon? Ich bin anscheinend Gesprächsthema!

Ich finde die Geschichte von dem Ehepaar – der Mann sitzt im Rollstuhl –, die von Rom nach Santiago pilgern, wesentlich beeindruckender.

Oder von dem an Parkinson erkrankten 78-jährigen Mann, dem ich vor zehn Jahren in der Nähe von Burgos begegnet bin. In 300-km-Etappen hat er sich zusammen mit seinem Sohn im Zeitlupentempo seinen Traum vom Jakobsweg erfüllt. Santiago hatte er beim letzten Abschnitt erreicht, und jetzt befand er sich auf der letzten Etappe. „Dann kann ich in Ruhe sterben" – diese seine Worte sind bei mir hängen geblieben.

Wieder einmal verlaufe ich mich, aber ein Lastwagenfahrer erklärt mir den richtigen Weg. In der Zwischenzeit bin ich professionell im Anhalten von Autos, und die spanische Frage nach dem richtigen Weg flutscht wie von selbst. Und dass die spanischen Männer bei einer hübschen Frau bereitwillig stehen bleiben und Auskunft geben, ist doch klar.

Dann geht es erneut durch hässliche Industrielandschaft. Eine Bar ist vollgefüllt mit Arbeitern im Blaumann beim Essen. Ich ergattere den letzten Platz und damit eines der besten Menue del dias, die ich bisher gegessen habe. Zur Vorspeise gemischten Salat mit Thunfisch, das Hauptgericht besteht aus kleinen Tintenfischen in leckerer Soße, und zur Nachspeise wird ein Riesenbecher frischer Erdbeeren mit Sahne zusammen mit einem Kaffee gereicht.

Die Flasche Rotwein ist fast leer, als ich die Rechnung bezahle. Wenn ich nach Hause komme, ist es höchste Zeit für eine Entziehungskur!

Nach einigen Kilometern erwartet mich in Aviles eine geräumige Herberge mit 60 Liegen. Schlafsack rausholen, Duschen, Wäsche waschen, das abendliche Zeremoniell bleibt immer gleich.

Im Bett liegend lese ich über den Weiterweg. Dreimal fragt mich die Rascheltante: „Wie weit gehst du morgen?" „Keine Ahnung" – meine Antwort ist jedes Mal die gleiche. Mir reicht es zu wissen, wo ich morgen Essen und Trinken besorgen kann und welche Übernachtungsmöglichkeiten bestehen. Und dann entscheide ich spontan, wo ich schlafe. Ganz einfach sollte man meinen. Aber weit gefehlt. Ich erfahre, dass ihr Mann die Route genau geplant hat, an welchem Tag sie von wo nach wo gehen. Und dass sie gut im Zeitplan liegen und schon zwei Tagesetappen schneller sind, als zu Hause festgelegt. Entspringt ihre Planung dem Wunsch nach Sicherheit? Sicher ist nur, dass es keine Sicherheiten gibt. Das Leben lässt sich nicht kontrollieren.

Statt sich selber zu vertrauen, im richtigen Moment die richtige Entscheidung zu treffen. Nicht dem erworbenen, sondern dem ursprünglichen Geist folgen, um es mit den Worten meines Qi-Gong-Lehrers zu sagen.

In China gibt es eine Schlucht, wo ein großer Wasserfall in die Tiefe hinabstürzt. Nie ist in diesem Wasser ein lebendiges Wesen gesichtet worden. Einmal, als er am Rand des

Wasserfalles stand, sah Konfuzius einen alten Mann, der von den Fluten mitgerissen wurde. Gemeinsam mit seinen Schülern versuchte er den Totgeweihten zu retten. Als sie das Wasser erreichten, kletterte der Alte gerade gemächlich ans Ufer. Konfuzius fragte ihn, wie er das überleben konnte und über welche geheime Macht er verfügt. Der alte Mann entgegnete, dass es nichts Besonderes sei. Er hatte schon zu lernen begonnen, als er noch jung war, und immer weiter geübt. Jetzt sei er sich des Erfolgs sicher. Er gehe mit dem Wasser unter und komme mit dem Wasser wieder hoch, weil er sich anpasse und sich dabei selbst vergesse. Er überlebe, weil er nicht gegen das Wasser ankämpfe. Das sei das ganze Geheimnis.

(aus den Schriften Chuang-tses – einem der großen chinesischen Philosophen, nach dem Buch Tao te Pu von Benjamin Hoff – Synthesis Verlag)

Sich an die natürliche Ordnung halten und dem Grundsatz des geringsten Aufwandes folgen – „Tun ohne Tat", „Nicht-Handeln", „Wu wei" nennen das die Taoisten. Das bedeutet, anstelle von Zwang ausüben oder den Lauf der Natur zu stören, lieber alles auf seine Weise gewähren zu lassen, absichtslos. Also aus der momentanen Notwendigkeit heraus spontan zu handeln. In diesem Zustand wird sich der Erfolg von selbst einstellen. Hinter der Philosophie des Taoismus steht das Ziel, das Universum zu erklären.

Freitag, 16.05.

Die längsten 35 km meines Lebens

Ich werde früh wach, der Erste packt seine Sachen zusammen. Ich beschließe, es ihm gleich zu tun. Die Rascheltante fragt mich vor dem Waschraum ein letztes Mal: „Wie weit gehst du heute?" Ich zucke meine Schultern zur Antwort. In der Pilgerherberge habe ich gestern von einem Mitglied der spanischen Jakobsgesellschaft die Information bekommen, bis zur nächsten Herberge sind es nur 35 km, weitaus weniger als in meinem Buch angegeben. Das werden die längsten 35 km meines Lebens. Am Nachmittag frage ich, wie weit es noch ist − ungefähr 4 km; das ist noch leicht drin. Zwei Stunden später sind es wieder noch 4 km, und das wiederholt sich noch einmal. Jetzt ist es zu spät, es gibt keine Übernachtungsmöglichkeit mehr, also weitergehen. Der Weg ist teilweise total überschwemmt, Gott sei Dank liegen immer wieder große Steine und Äste im Schlamm, trotzdem ist nicht zu verhindern, dass das Wasser oben in meine Schuhe rinnt. Dann führt der Weg wieder durch meterhohe Farne, Wiesen voller Fingerhut und stillen Wald. Immer wieder verliere ich die Markierungen aus den Augen, immer wieder muss ich umkehren.

Am frühen Abend sind es dann noch 8 km bis zur Herberge. Die Schmerzen in meinem Fuß kommen zurück, und ich greife zu einer Schmerztablette. Mit Einbruch der Dunkelheit erreiche ich Soto de Luina, die angeblichen 35 km haben sich als fast 50 km entpuppt.

Mein erster Weg führt in die Bar zu einem kühlen Bier.

Die einfache Herberge ist in der alten Dorfschule untergebracht. Von den 20 Betten sind nicht mal die Hälfte belegt. Heute erledige ich nur das Notwendigste, aber um das Auswaschen meiner Unterwäsche und meines T-Shirts komme ich nicht herum. Im Garten komme ich mit einem Deutschen ins Gespräch. Auch er hat, wie so viele, die sich für den Küstenweg entscheiden, Santiago schon auf mehreren Wegen erreicht. Er wird das erste Mal eine Kerze aufstellen für eine an Krebs erkrankte Freundin – bisher hat er von so etwas nichts gehalten, aber vielleicht hilft es ja? Er erzählt eine Menge, und irgendwann kommt die Frage: „Was hast du eigentlich alles in deinem Rucksack? Pack ihn aus und schick die Hälfte nach Hause, du brauchst das nicht alles." Ich kläre ihn auf, dass ich sehr wohl alles benötige, was ich dabeihabe: zwei Unterhosen, ein Unterhemd, zwei Paar Socken, zwei T-Shirts, Treckingbluse, kurze Radlerhose, Leggins, Treckinghose, Buff, ärmellose Jacke, Softschelljacke, Goretexjacke, Regenponcho, leichte Gamaschen, Wanderschuhe, Flipflops, nur die allernotwendigsten Hygieneartikel, Handtuch, Schlafsack, ja und dann eben noch mein Insulinpumpenzubehör, Blutzuckermessgerät mit Ersatz – auf nichts könnte ich verzichten. Und dass ich auch noch eine Ersatzinsulinpumpe im Wert von 3.600 Euro mit mir herumtrage, das braucht wirklich niemand zu wissen. Schnell dreht sich das Gespräch wieder um andere Dinge, wie um seine Arbeit.

Camino Santiago

Samstag, 17.05.

Meine Stimmung sinkt auf den Nullpunkt

Am nächsten Morgen wieder die gleiche Frage. „Was schleppst du denn alles mit dir rum? Schick die Hälfte nach Hause." Ich bin frustriert, hat er gestern nicht zugehört?

Der nächste Tag wird zur Qual. Der Weg führt wieder einmal auf eine Straße, die ziemlich abgefahren ist. Die Erschütterung auf dem harten Untergrund schmerzt höllisch, und ich muss auf dem Teer ständig schräg gehen. Ich hab keine Ahnung, ob ich noch auf dem richtigen Weg bin. Vom erneuten Regen bin ich nass bis auf die Unterhose. Und meine Sachen zum Wechseln sind noch nicht mal trocken; wenn die Sonne sich nicht blicken lässt, habe ich heute Abend nichts zum Wechseln. Regen, Regen, Regen, ich habe die Nase voll davon. Und dem Nächsten, der meint, ich kann keinen Rucksack packen, dem fliegt mein Rucksack um die Ohren. Mir wäre es auch lieber, ich hätte weniger Gewicht bei mir.

Für die „schlauen" Leute vom Institut für Qualitätssicherung und Wirtschaftlichkeit im Gesundheitswesen und für die Politiker und sonstigen Befürworter, nach deren Empfehlung Analoginsulin als überflüssiger Luxus eingestuft wird, fällt mir ein Test ein. Erst müssten sie eine Woche einen Rucksack mit 8 kg tragen – das ist die Last des normalen Lebens. Anschließend würde ich das Gewicht auf 13 kg erhöhen –

so empfinde ich das Leben mit einer chronischen Krankheit wie Diabetes, anstrengender, aber machbar. Danach würde ich die Last auf mindestens 16 kg erhöhen – so war mein Leben ohne modernes Insulin. Mal sehen, ob sie dann weiter den Standpunkt vertreten, Analoginsulin sei reine Bequemlichkeit. Nach über 600 gelaufenen km ist mir klar, dass der Jakobsweg ohne das kurzwirksame Insulin für mich nicht zu schaffen wäre. Ist es so schon schwierig genug. Bei hohem Blutzuckerspiegel ist jede Anstrengung ungleich größer. Und dann ein oder drei Stunden warten, bis die Werte sich wieder dem Normbereich nähern, ist ein großer Unterschied. Genauso nach dem Essen. Nach zwei Stunden ist die Wirkung des Analoginsulins größtenteils vorbei, und ich kann ohne großes Risiko weitere Kilometer in Angriff nehmen. Bei Humaninsulin müsste ich vier bis sechs Stunden warten – solange kann ich nach dem Mittagessen keine Pause machen, sonst ist der Tag vorbei, oder ich müsste ständig Essen mit mir rumschleppen. Vor meinem Urlaub habe ich in dieser Sache Briefe an die Bundesgesundheitsministerin, an die Bundestagsabgeordneten unseres Wahlkreisbezirks und an die Bundeskanzlerin geschrieben. Ich bin gespannt, ob ich bei meiner Rückkehr eine Antwort vorfinde.

Meine Stimmung ist auf dem Nullpunkt angelangt.

Am späten Nachmittag stolpere ich über einen Bahnhof; diese Chance, meinen Fuß zu erlösen, lasse ich mir nicht entgehen. Es dauert etwas, dann kommt der Zug, und ein paar Minuten später bin ich oberhalb von Luarca. Wie lange wäre ich zu Fuß unterwegs gewesen? Mein Gefühl für Entfernungen hat sich verändert. Kurze Strecken, mit dem Auto nur ein Katzensprung, zu Fuß mindestens zwei Stunden oder länger unterwegs. Humpelnd erreiche ich das Zentrum unweit des Hafens. Hier finde ich ein Hotel. Bequemes Bett, schönes Badezimmer, und garantiert keine Schnarcher. Die Chancen, dass meine nasse Kleidung demnächst trocken ist, steigen. Langsam bessert sich meine Laune. In einer Apotheke besorge ich mir ein starkes Schmerzmittel, eine Bandage und Magnesium gegen die Krämpfe; meine durch die Schmerzen erhöhten Blutzuckerwerte hinterlassen Spuren in meinem Körper. Die Schmerztabletten werden nichts bringen, meint die Apothekerin, ich soll meine Wanderung beenden. Von wegen – jetzt erst recht! Sie mag es ja gut meinen, aber ich beende die Diskussion mit den Worten: „Wenn ich es hier nicht bekomme, gehe ich in eine andere Apotheke." Kopfschüttelnd wird mir das Schmerzmittel gereicht.

Auf dem Rückweg zum Hotel komme ich an einer Art Reformhaus vorbei. Spontan betrete ich den Laden und frage nach, ob im Ort jemand Osteopathie praktiziert. „Ja", es gibt jemanden, er macht auch Massagen und Reiki und noch einige andere Sachen. Heute ist er zu einem Kurs in Santander, aber ich kann ihn morgen anrufen. Ich vergewissere mich – morgen am Sonntag? „Si, um 10 Uhr." Name und Telefonnummer werden mir auf einen Zettel notiert.

Nach einer halben Flasche Rotwein kann ich halbwegs gut schlafen.

Sonntag, 18.05.
Der einzige Osteopath weit und breit

Kurz vor 10 werde ich wieder wach. Leicht nervös auf Grund des bevorstehenden Telefongesprächs in spanischer Sprache wähle ich die Nummer des Osteopathen. Wir vereinbaren für 18 Uhr einen Termin vor dem Reformhaus. Ist ja gut gelaufen, hoffentlich habe ich alles richtig verstanden. Heute wasche ich die ärmellose Weste aus – das Wasser wird ganz schwarz. War dringend nötig! Bei einer heißen Schokolade und einem Stück Kuchen erreichen mich aufmunternde SMS von Freundinnen. Die Wärme, die in den Worten liegt, tut mir gut.

Abends dann die Behandlung – nach meiner Meinung alles andere, nur keine Osteopathie, eher eine Art Akupunkturmassage kombiniert mit Reiki – wie auch immer, die Behandlung ist total schmerzhaft, und es wirft mich hin und her, so friere ich trotz warmer Kleidung. Zum Schluss werden noch kleine Magnete aufgeklebt. Morgen soll ich mich unbedingt noch einmal behandeln lassen, also nichts mit weitergehen. Anschließend tobt mein Fuß, und ich finde die Nacht kaum Schlaf. Wieder einmal versuche ich es mit Homöopathie. Ferrum phosphoricum war noch ein Tipp meiner Freundin, aber das hilft überhaupt nicht. Eine Stunde später ein erneuter Versuch mit Arnika. Außerdem entferne ich die Magnete, habe das Gefühl, die tun mir nicht gut. Langsam lassen die Schmerzen etwas nach, und ich finde doch noch die wohlverdiente Nachtruhe.

Auf dem Weg nach Ribadeo – Abschied vom Meer

Montag, 19.05.

Aus der Ferne alles Gute zum Geburtstag

Morgens setze ich mich in die heiße Badewanne und genieße ein ausgiebiges Bad. Die wohlige Wärme bringt Entspannung. Bei einem Telefongespräch gratuliere ich meinem Mann zum Geburtstag, seine aufmunternden Worte bauen mich auf.

Anschließend entdecke ich in einem Geschäft spezielle Fußbandagen und Einlegesohlen. Diese Gelegenheit lasse ich mir nicht entgehen.

Im Park überbrücke ich die Zeit bis zur Behandlung mit Übungen aus dem stillen Qi-Gong. Es scheint, als ob ich schlafe, aber in den Übungen lasse ich Qi in meinem Körper fließen bzw. Qi fließt von allein. Je nachdem ob ich willentlich übe oder ob es mir gelingt, die Übung nicht willentlich durchzuführen. Je länger ich in freier Natur allein unterwegs bin und je größer meine Erschöpfung wird, umso mehr nehme ich meinen Willen zurück – nicht nur beim Üben.

Die Behandlung heute ist noch schmerzhafter als gestern; danach kann ich, trotz Wiederholung von Arnica, meinen Fuß nicht mehr aufsetzen. Ich spreche mit meinem Fuß, mache ihm klar, wie wichtig es für meine Seele ist, nach Santiago zu kommen. Und nicht nur für mich. Mit meiner Unternehmung möchte ich das Projekt Diabgroup Gambia

Friends Bayern e.V. unterstützen. In Gambia, einem afrika-
nischen Staat, sind genauso viele Menschen an Diabetes Typ
1 erkrankt wie in Deutschland, nur ist dort Insulin ein nicht
bezahlbares Gut. Nur ein Zehntel der Diabetiker weltweit
haben Zugang zu 90 % des verbrauchten Insulins – ein ka-
tastrophaler Zustand! Für die geplante Unterstützung ist es
aber wichtig, dass ich zu Fuß mein Ziel erreiche. Die letzten
200 km durchs Gebirge wird es durch dünn besiedeltes Ge-
biet gehen. Da bin ich an Übernachtungsmöglichkeiten ge-
bunden und kann eine Tagesetappe nicht einfach unterbre-
chen. Ich möchte von meinem Fuß wissen, ob er mich noch
so weit trägt, ob ich mich auf ihn verlassen kann. Mein Fuß
kommt sich vor wie der Hund am Strand von Gijon; wenn
dann nur nach einem weiteren Tag Pause, eine Tagesetappe
möchte mein Fuß noch mit dem Bus fahren. Und keine 35
km mehr am Tag gehen! Bereitwillig verspreche ich alles.
Hauptsache, es geht weiter.

Dienstag, 20.05.

Heute gilt es, Abschied vom Atlantik zu nehmen

Mein letzter Tag an der Küste begrüßt mich mit strahlendem Sonnenschein.

Ich werfe einen letzten Blick auf die Pilgerherberge von Tapia de Casariego – eine der schönsten Unterkünfte des Küstenweges. Direkt an der Steilküste gelegen, eröffnet sich ein herrlicher Blick auf das Meer. Von den 32 Liegen waren letzte Nacht nur vier belegt.

Heute begleitet mich eine Schweizerin. In einer schönen Bucht bei einer Rast erfasst mich Wehmut. Über 600 km hat mich der Atlantik begleitet, jetzt gilt es langsam Abschied zu nehmen.

Die Küste erinnert mich an Griechenland, an die Insel Ikaria. „Bist du auch bei Jorgos gewesen?" Die Frage meiner Begleiterin löst Erstaunen bei mir aus. Ja, vor Jahren im Rahmen meiner Ausbildung zur Trauerbegleiterin, ähnlich wie sie.

Meine Gedanken wandern zurück nach Ikaria, zurück zum Eintauchen in die Welt der symbolischen Handlungen und Rituale; die Enge in der Höhle, das Reinigungsritual beim Artemis-Tempel, die Begegnung mit Dionysos und das größte Geschenk für mich, mein Sandorakel und die Begegnung mit der wilden Frau. Ja, die Welt ist klein.

Meine Begleiterin bekommt langsam Hunger. Ich bin ganz zuversichtlich, dass wir etwas finden werden. Meine Ahnung trügt mich nicht, eine Stunde später treffen wir bei einem Campingplatz auf ein Geschäft. Extra für uns öffnet die Besitzerin zur Mittagszeit den Laden. Es gibt zwar nur Restbestände, die Saison ist noch nicht eröffnet; aber für ein gemütliches Picknick reicht es allemal.

Auf dem Weiterweg wartet mit der Brücke von Ribadeo noch ein großes Hindernis auf uns. Die Brücke führt in schwindelerregender Höhe über die Mündung des Flusses Eo. Sie ist noch im Bau begriffen, und es gibt kein Geländer. Die Bauarbeiter sollen Pilger auf eigene Verantwortung durchlassen, aber darauf habe ich keine Lust. Dann schon lieber am Fluss entlang gehen und nach einer anderen Möglichkeit Ausschau halten.

Ein Fischer bringt uns in seinem Boot auf die andere Seite, und kurz darauf erreichen wir die Pilgerherberge. Schnell erledige ich meine Wäsche; sie wird bei Wind und Sonnenschein innerhalb kurzer Zeit trocken.

Danach heißt es noch einkaufen gehen. Im Supermarkt entdecke ich Gummibärchen. Für alle Fälle kaufe ich fünf Päckchen, ich habe keine Ahnung, wann ich über das nächste Lebensmittelgeschäft stolpern werde. Und bei dem Gedanken, dass ich auf einmal ohne Gummibärchen oder Traubenzucker dastehen könnte, bekomme ich Panik. Dreieinhalb Wochen schwere körperliche Anstrengung haben ihre Spuren hinterlassen, von Tag zu Tag gestaltet es sich für mich schwieriger, meine Zuckerwerte im Normbereich zu halten. Heute Vormittag habe ich so nebenbei ein Päckchen Gummibärchen verdrückt, ohne mir dafür Insulin zu berechnen. Erst nachdem das Päckchen fast leer war, sind meine Zuckerwerte angestiegen, und ich habe zum Ausgleich zwei Einheiten Insulin benötigt. Meine Kohlenhydratspeicher in Leber und Muskel sind zwischenzeitlich durch wenig Essen und die Anstrengung total leer; mein Körper hat jetzt Schwierigkeiten, auf niedrige Werte schnell zu reagieren. Und wenn ich dann im Gebirge keine schnell wirkende Kohlenhydrate auftreiben könnte – den Gedanken will ich nicht zu Ende denken. Dann lieber 1 kg Gewicht mehr im Rucksack, auf das kommt es jetzt auch schon nicht mehr an. Zum Abendessen Käse, Brot und Obst und dazu, wie kann es anders sein, Rotwein. In gemütlicher Runde lasse ich es mir im Freien schmecken.

Ein Österreicher wartet auf die Ankunft seiner zwei Freunde – er ist mit dem Zug hierher gefahren, weil er Schwierigkeiten mit seinem Fuß hat. Wegen starker Schmerzen hat er vor, mit dem Bus nach Santiago zu fahren. Und er berichtet, dass schon eine Reihe Leute wegen Beschwerden mit den Füßen aufgegeben haben. Das ständige steile Bergauf- und Bergabgehen und die vielen Teerstraßen fordern ihren Tribut. Ich bin beruhigt, ich bin nicht die Einzige, der es so geht. Aber aufgeben – nein, das kommt nicht in Frage.

Und da ist noch der gutaussehende Mailänder. Ich erliege der Versuchung und flirte mit ihm. Trotz meiner schmuddeligen Trekkingkleidung, die in der Handwäsche einfach nicht mehr richtig sauber zu kriegen ist, vermittelt er mir das Gefühl, eine schöne Frau zu sein – wie ich den italienischen Charme liebe.

Und dann taucht noch ein Spanier auf, der auf dem Rückweg von Santiago nach Hause ist. Er erzählt von 60, 70 km, die er jeden Tag entlang der Nationalstraße geht. Nein, darauf hätte ich keine Lust. Mir reichen die paar Male, wo es sich nicht vermeiden ließ, entlang der viel befahrenen Straßen zu marschieren. Des Menschen Wille ist sein Himmelreich. Wieder einmal musste ich feststellen, dass für viele spanische Pilger Leistung fast noch wichtiger als für uns Deutsche ist.

Am Abend kassiert ein Gemeindeangestellter drei Euro für die Übernachtung. Auf mein Humpeln bemerkt er: „Im Notfall 110 wählen." Ich hoffe, dass ich die Nummer nicht brauche.

Mit Einbruch der Dunkelheit wird es still in der Herberge.

Mittwoch, 21.05.

Es geht auch anders

Ich verabschiede ich mich von der Schweizerin, die mit dem Bus über Santiago nach Portugal fahren wird.

Mein Frühstück besteht heute aus einer Schmerztablette – ich habe einfach keine Lust mehr zu leiden. Außerdem packe ich Traubenzucker und Gummibärchen in eine Tasche meiner Goretexjacke. Die Kramerei, bis ich an meine ärmellose Softschelljacke komme, ist mir zu umständlich.

Ab jetzt heißt der Jakobsweg nicht mehr Küstenweg, sondern Camino del Norte – nördlicher Weg. Und ich muss mich Richtung Süden halten.

Mein Weg führt wieder mal steil bergauf und bergab. Irgendwann werde ich von einer Gruppe Pilger überholt, die ab Luarca nach Santiago geht. Sie sind schon von weitem zu hören; sie haben noch nicht zur Ruhe gefunden, und das werden sie auf der kurzen Strecke, schätze ich mal, auch nicht schaffen. Bei dem Gedanken, in einer Gruppe zu pilgern, schüttelt es mich – das ist wirklich nichts für mich. Ich genieße es, allein unterwegs zu sein, in Ruhe meinen Gedanken nachgehen zu können, oder noch besser: gar nichts zu denken.

Ein Gewitterschauer überrascht mich – bis ich mein Regencape aus dem Rucksack geholt und übergezogen habe, bin ich wieder einmal klitschnass geworden. Einmal mehr klebt die feuchte Kleidung an meiner Haut, einmal mehr friere ich. Meine Füße wollen mich nicht mehr tragen, automatisch wanderte meine Hand durch Cape und Jacke zur rechten Tasche meiner ärmellosen Jacke. Da sind nur noch zwei Stück Traubenzucker – Panik, die werden für die Hypo nie und nimmer reichen, ich müsste doch noch mehr Traubenzucker haben, wo könnte der sein? Während die zwei Stück Traubenzucker sich im Mund auflösen, fällt mir wieder ein, wo ich meinen Vorrat deponiert habe, in meiner Goretexjacke. Das nächste Mal, wenn ich wieder so eine schlaue Idee habe, muss ich unbedingt einen ausreichenden Vorrat an der gewohnten Stelle lassen.

Bei einem modernen Bauernhof gewähren mir die Kühe Unterschlupf. Meine Kleidung trocknet schnell im Wind, aber leider nicht meine Schuhe. Ein guter Zeitpunkt für eine weitere Schmerztablette.

So gedopt erreiche ich am Abend Vilanova de Lourenza.

In einem Schuhgeschäft möchte ich ein Imprägnierspray für meine Schuhe kaufen. Stattdessen wollen sie mir neue Schuhe verkaufen, das gewünschte Spray gibt es nicht. Aber dann doch lieber nasse Füße als neue Schuhe. Meine Füße sind sowieso schon mit Wasserblasen übersät, die feuchten reibenden Socken leisten ihren Beitrag dazu.

In der Herberge in Lourenza werde ich zur Begrüßung von dem Mailänder in den Arm genommen, er freut sich sichtlich, dass ich es heute bis hierher geschafft habe. Für ein

Abendessen bin ich zu müde, dafür ziehe ich aber das große Los – ich entdecke einen Heizlüfter. Ich platziere meine nassen Sachen einschließlich meiner Schuhe günstig – wenn ich Glück habe, ist morgen alles trocken. In der Nacht werde ich wach und schlüpfe leise aus meinem Schlafsack. Ein Griff und ich habe mein Blutzuckermessgerät in der Hand. Im Aufenthaltsraum wende ich meine nassen Sachen vor dem Heizlüfter um und messe meinen Blutzucker. Da steht der Italiener hinter mir und fragt besorgt, ob alles in Ordnung sei. Mir wird ganz warm ums Herz – die Anteilnahme tut gut. Wie immer nachts ist alles okay.

Früher habe ich mich über so eine Frage geärgert – unterstellt, der andere glaubt, ich könne mir nicht selber helfen, und trotzig die angebotene Hilfe abgelehnt. Mein Mann kann ein Lied singen von den nächtlichen Dramen, die sich bei uns zu Hause vor der Insulinpumpenzeit abgespielt haben. Bei schweren nächtlichen Unterzuckerungen unternahm er alles, um mich aufzuwecken. Wenn er mit dem Versuch endlich Erfolg hatte und mir einen Traubenzucker geben wollte, war meine Reaktion ein aggressives „Lass mich in Ruhe!" Immer hatte ich das Gefühl, dass er mir nicht zutraute, dass ich für mich selber sorgen konnte.

600 bis 700 km allein unterwegs hatten mir die Gewissheit verschafft, dass ich dazu durchaus in der Lage war, und erstmals konnte ich die Frage als das annehmen, was sie bedeutet, Anteilnahme, Besorgtheit und du bist mir nicht egal.

Donnerstag, 22.05.

So ein Missgeschick

Ich quäle mich aus dem Bett, die ersten Schritte sind für meinen Fuß die allerschlimmsten. Dann Erleichterung, meine Kleidung ist trocken − trockene Socken und trockene Schuhe, welch ein Luxus. Eine SMS einer lieben Freundin erreicht mich − sie hofft, dass die Flügel, die sie mir schickt, mich tragen − meine Augen werden feucht, wäre doch gelacht, wenn ich mit dieser Unterstützung die heutige Etappe nicht schaffe. Nichtsdestotrotz besteht mein Frühstück aus einer Schmerztablette. Ich breche in italienischer Gesellschaft auf. Die Gespräche gestalten sich lustig, wir unterhalten uns spanisch. Da wo mir die Worte fehlen, greife ich auf meine Italienischkenntnisse zurück, und mein Begleiter kann über seine Frau, die Schweizerin ist, mit einigen deutschen Worten zum Verständnis beitragen. Ich genieße die angenehme Gesellschaft.

Ich muss meine Tagesetappe langsam beginnen, mein schmerzender Fuß reagiert unwillig auf die Pein, die ich ihm zufüge. Eine knappe Stunde später wirkt die Schmerztablette und mein Humpeln lässt nach. Meine Wanderstöcke sind zwischenzeitlich unentbehrlich für mich, dank ihrer Hilfe kann ich etwas Gewicht von meinem Fuß auf meine Arme verlagern.

Vormittags erreichen wir mit Mondonedo eine der schönsten Städte auf dem Küstenweg. In der romanisch-gotischen Kathedrale erwarten mich sehenswerte Fresken aus dem 15. Jahrhundert. Ich stelle zwei Kerzen auf; eine für meinen Sohn – das Physikcolloquium steht an, die zweite für das Gambia Projekt des bayrischen Diabetikerbundes – ich hoffe, dass dafür Geld zusammenkommt.

In einem Café mit Blick auf die Barockfassade der Kirche treffe ich bekannte Gesichter – zwei junge Österreicher, und von meinem Begleiter werde ich zu einer heißen Schokolade eingeladen. Dazu lasse ich mir ein Bocadillo schmecken. Nach 10 km wird es Zeit für mein Frühstück.

Auf einmal bin ich allein – schade, ich hätte den Tag gerne weiter in der angenehmen Gesellschaft verbracht.

Die nächste Übernachtungsmöglichkeit liegt in 17 km Entfernung, und es geht über einen ersten Pass – vorsichtshalber besteche ich meinen Fuß mit einer weiteren Schmerztablette.

Mein Weg führt an einem alten Brunnen vorbei, danach geht es auf einer kleinen Straße steil nach oben. Bergauf gehen ist für meinen Fuß noch am besten, weil ich mein Fußgewölbe nicht abrollen muss – davon soll ich der Beschreibung nach die nächsten Stunden noch genug bekommen. Hoffentlich bin ich auf dem richtigen Weg, Markierungen habe ich keine entdeckt. Mein Name wird gerufen, der Mailänder taucht hinter mir auf. Damit hat sich die Frage nach dem richtigen Weg erledigt. Nach langer Steigung geht es die nächsten 10 km am Hang eines Tals entlang. Dann geht es steil bergauf. Nach den vielen Höhenmetern, die ich entlang der Küste schon hinter mir habe, kommt mir das Ganze nicht schlimm vor.

Oben lädt uns die Kirche San Cosme da Montana zu einer Rast ein. Auf dem Weg zu ihrer Pforte pflücke ich ein paar Blumen. Leider ist die Kirche geschlossen, so lege ich die Blumen bei der Tür ab. Ein Brunnen spendiert kühles Trinkwasser.

Ab hier gehe ich allein weiter. Jetzt geht es bergab, da wird wegen der Schmerzen mein Tempo noch langsamer. Am Nachmittag regnet es wieder einmal. Der Regen findet immer einen Weg durch meine Regenkleidung, und meine stellenweise nassen Klamotten kühlen mich schnell aus – eklig.

In Gontan soll angeblich eine neue Herberge eröffnet sein, nur wo? Langsam gehe ich durch den kleinen Ort. Bei dem Regen sind keine Leute auf der Straße, die ich fragen könnte. Da höre ich, wie mein Name gerufen wird. Suchend blicke ich mich um – ich bin schon am Quartier vorbeigelaufen.

Eine warme Dusche erwartet mich, schöne Betten und genügend Platz, um meine Reebschnur für die ausgewaschene Kleidung zu spannen. Der Regen hat aufgehört und ich mache mich auf den Weg in die nahegelegene Bar. Bis ich meine Einkäufe erledigt habe, schüttet es schlimmer denn je. Bei meiner Leggins, die ich jetzt trage, handelt es sich nebenbei auch um meinen Schlafanzug – ich habe keine Lust, dass die und mein 2. T-Shirt auch noch nass werden. Dann hätte ich gar nichts Trockenes mehr zum Anziehen. Also vertreibe ich mir die Zeit bei einer heißen Schokolade. Ein Österreicher – ein Mann wie ein Bär – leistet mir Gesellschaft. Sein Rucksack wiegt sicherlich um einiges mehr als meiner; er trägt für sich und seinen fast 70-jährigen Freund Unmengen an Essen mit sich, stelle ich neidisch fest. Als es auch nach einer zweiten heißen Schokolade noch nicht zu regnen aufgehört hat, wage ich mich trotz des heftigen Gewitterschauers auf die Straße. So schnell es die Schmerzen zulassen, humple ich zur Herberge zurück. An das Sauwetter kann ich mich einfach nicht gewöhnen. Der Mailänder – Kavalier wie er ist – hat Tomatensalat zubereitet und mit dem Essen auf mich gewartet. Ich lege meine Einkaufssachen dazu, und in dieser Gesellschaft schmeckt das ausgiebige Abendessen gleich besser. Ein Blick auf den Tisch, ein Griff zu meiner Pumpe, und schon gibt sie das eingegebene Bolusinsulin ab. So nebenbei ein bisschen flirten – für dieses Spiel bin ich nicht zu müde. Irgendwann merke ich, dass ich immer mehr trinke und trotzdem immer durstiger und müder werde. Mein Blutzuckermessgerät zeigt Werte um die 400 – was kann die Ursache dafür sein? Ich bin nach dem Duschen zwar wieder in meinen Geldgurt mit der darin verstauten Insulinpumpe geschlüpft, aber ich habe vergessen, die Pumpe an den Katheder anzuschließen. Schnell hole ich das nach – für das Abendessen berechne ich 9 Einheiten und 4,5 Einheiten zum Korrigieren. Viel zu wenig, wie sich gegen 3 Uhr herausstellt. Meine Werte sind weiter angestiegen. Zu Hause wären jetzt mindestens 15 Einheiten Insulin erforderlich, also versuche ich es angesichts meiner Umstände mit der Hälfte. Vorsichtshalber stelle ich den Wecker meiner Pumpe auf Weckfunktion durch Vibrationsalarm in 90 Minuten. Nach einer Stunde erwache ich das erste Mal, seit ich unterwegs bin, durch einen wirren Alptraum. Durch das dumpfe Gefühl in meinem Kopf gelingt es mir nur schwer, zu mir zu kommen. Alarmiert greife ich zum meinem Blutzuckermessgerät. Das zeigt zwar noch einen Wert von 114 an, aber das erst vor einer Stunde abgegebene Insulin hat jetzt seine Höchstwirkung. Meine Werte sind rapide am Sinken und in ein paar Minuten wäre die schwere Unterzuckerung da gewesen − wenn es überhaupt noch so lange gedauert hätte! So leise wie möglich hole ich Gummibärchen aus der Tüte, insgesamt 2,5 Broteinheiten. Eine Stunde später beunruhigt mich mein stark klopfendes Herz erneut, nochmals zwei Broteinheiten Gummibärchen.

Langsam gilt es Abschied nehmen

Brücke zwischen dieser und jener Welt

Nur noch 100 Kilometer

Anstehen für meine
Pilgerurkunde

Die Kathedrale in
Santiago de Compostela

133

Freitag, 23.05.

Heute muss ich die Folgen meiner Dummheit tragen

Ich erwache total fertig mit Muskelkrämpfen, Brummschädel und flauem Gefühl im Magen. Langsam packe ich meine Sachen zusammen. Im Aufenthaltsraum werde ich mit einem heißen Tee erwartet. Nach Essen ist mir nicht zumute. Genauso wenig habe ich Lust, meinen Rucksack und damit meine Schultern mit Essbarem zu belasten. Ich beschließe meine Einkäufe für die Nächsten zurückzulassen. Meine Pumpe ist fast leer, also Insulin in ein neues Reservoir aufziehen und den Katheder wechseln.

Der Katheder wird mit einer Metallnadel in das Unterhautfettgewebe eingeführt, die Nadel wird anschließend wieder herausgezogen, und im Gewebe bleibt nur eine schmale Teflonkanüle liegen, die nicht zu spüren ist. Anfangs machte der Katheder alle anderthalb bis zwei Tage dicht und musste erneuert werden. Wahrscheinlich war ich für die 8 mm langen Kanülen zu dünn und zu muskulös, mit der Folge, dass ich oft in Blutgefäße stach. Dadurch verstopfte der Katheder schnell. Das Problem löste ich mit den kürzesten, nur 6 mm langen Kanülen. Die direkte Auswirkung kann ich täglich spüren – die Anzahl der Katheder, die ich in meinem Rucksack mit mir trage, hat sich dadurch deutlich verringert.

Dankbar nehme ich das Angebot des „Bären" an, meine Tasse abzuwaschen.

Dann machte ich mich langsam allein auf den Weg – heute brauchte ich meine Ruhe. Eine Stunde später versuche ich es mit einem Müsliriegel, aber der bleibt nicht lange im Magen, zu groß ist die Übelkeit.

Bei Insulinmangel bekommen die Zellen keine Glucose, keinen Zucker zur Verbrennung. Als Folge schaltet der Körper um auf die Verbrennung von Fettgewebe. Dabei fallen als Nebenprodukt jede Menge saurer Ketonkörper an, die der Körper über die Haut, die Nieren und die Atmung versucht auszuscheiden. Der Fachbegriff dafür ist Ketoazidose. Das Blut übersäuert, und je mehr Säuren im Blut, umso weniger wirkt das Insulin. Meine gestrige Unachtsamkeit muss ich teuer bezahlen, ich fühle mich das erste Mal, seit ich unterwegs bin, schwer krank und komme nur langsam voran. Jeder Schritt ist anstrengend und mühsam. Immer wieder muss ich mich ausruhen. Ab 11 Uhr geht es mir langsam besser und die Flügel, die mir meine Freundin geschickt hat, tragen mich durch den strömenden Regen nach Vilalba.

Als ich am Ortseingang ein modernes mehrstöckiges Gebäude, die Pilgerherberge, entdecke, ist meine Erleichterung groß. Der heutige Tag war eine Qual für mich. Meine Spanischkenntnisse erweisen sich einmal mehr als nützlich, ich frage den Feuerwehrmann nach einem Radiator, und siehe da, es gibt einen. Gute Aussichten auf trockene Sachen. Zum Abendessen in die daneben gelegene Bar in italienischer und österreichischer Begleitung. Zu viert schmeckt das Abendessen gleich besser. Der „Bär" hat bisher alle Angebote, einen Wein mit mir zu trinken, ausgeschlagen, aus welchen Erfahrungen heraus auch immer; nicht so heute. Er stößt mit mir an und gibt mir dabei das Gefühl, dass mir eine besondere Ehre zuteil wird – heute erliege ich dem österreichischen Charme.

Ich zwinge mich etwas zu essen, aber mehr als eine Suppe bringe ich nicht runter.

Ich erzähle, dass ich vor zehn Jahren auf dem französischen Weg oft Tagesetappen um die 40 km gegangen bin; dass es diesmal aber mit einigen wenigen Ausnahmen nur um die 33 km sind – liegt wahrscheinlich daran, dass ich krank bin. Da ernte ich Widerspruch. Auch die Etappen der Österreicher liegen in diesem Bereich – mehr ist bei den vielen Höhenmetern auch nicht drin – von wegen, weil ich krank bin!

In der Bar läuft wie so üblich der Fernseher. Die Wettervorhersage sagt für die nächsten Tage Regen mit ab und zu etwas Sonne voraus – stöhn!

Im Bett fängt mein Fuß zu toben an, ich bedanke mich bei ihm, dass er mich bis hierher getragen hat, und nehme dann nochmals eine Schmerztablette – ich brauche dringendst die nächtliche Erholung. In dieser Herberge gibt es Schlafsäle nach Geschlechter getrennt – super – keine Schnarcher! Aber zu früh gefreut, das grelle Licht im Schlafsaal brennt die ganze Nacht und verhindert den tiefen Schlaf – morgen werde ich in ein Hotel gehen!

Samstag, 24.05.

Ab heute bin ich wieder allein unterwegs

Früh verabschiede ich mich von meinem italienischen Begleiter, wer weiß, ob wir uns nochmals sehen werden.

Es war schön, zwei Tage mit ihm zusammen zu gehen, aber vom Weg habe ich in dieser Zeit nur wenig mitbekommen, zu abgelenkt war ich durch die Gespräche.

Übernachtungsmöglichkeiten sind durch die Berge nur spärlich gesät, die nächste gibt es in 23 km Entfernung.

Heute erwarten mich entweder Teerstraßen oder überflutete Wege. Ich weiß nicht, was besser ist. Meinen schmerzenden Fuß auf den harten Untergrund der Carreteras abzusetzen, kostet mich Überwindung. Bei den matschigen ungeteerten Wegen muss ich aufpassen, dass meine Füße nicht im Wasser versinken – ich kann mich nicht entscheiden, welche Variante die bessere ist.

Eine mittelalterliche Brücke bietet ein phantastisches Bild. Die Brücke ist gebogen, man sieht nur bis zum höchsten Punkt, der Weg dahinter liegt im Verborgenen. Rechts und links bilden Steine das Brückengeländer. Und obwohl es regnet, fällt ein heller Lichtstrahl durch die Bäume auf die Brücke – wie eine Brücke vom Diesseits ins Jenseits, und eine helle Lichtgestalt weist den Weg. Die Landschaft ist bergig und schön, aber das ständige um die Nationalstraße Herumgehen nervt mich. Auf einer Brücke über der viel befahrenen Straße entdecke ich ein Hinweisschild: San Sebastian 555 km. Um wie viel kürzer der direkte Weg entlang der Autobahn ist!

Trotz meiner misslichen Lage erreiche ich Baamonde um 2 Uhr.

Eine Apothekerin schließt gerade ihr Geschäft zur Mittagspause. Diese Chance, an Traubenzucker zu kommen, lasse ich mir nicht entgehen. Aber die Dame verneint meine Frage, Traubenzucker hat sie nicht im Sortiment. Ja, ein Geschäft gibt es, das öffnet am späten Nachmittag wieder – da kann ich dann noch auf Gummibärchen hoffen.

Ein Hotel gibt es, aber leider stellt sich heraus, das es geschlossen ist. Bleibt nur die Pilgerherberge. Aber erst mal ins Restaurant „Galicia", Zeit fürs Mittagessen. Das Lokal gehört einem bekannten spanischen Poeten, und zwischen der gemütlichen Einrichtung hängen überall Bilder des Meisters mit seinen langen grauen Haaren und dem weißen Bart. Ein großes Bild des Dichters auf einer Kommode sticht mir ins Auge, daneben ein kleines von Jesus. Zufall? Es wird gute und preiswerte galicische Küche angeboten. Der Poet kommt auch an meinen Tisch, liest eines seiner Gedichte vor. Soviel ich verstehe, geht es um die Liebe. Leider bin ich viel zu erschöpft, um ihm die gebührende Bewunderung entgegenbringen zu können, ich könnte auf der Stelle einschlafen.

Die Herberge befindet sich in einem geräumigen Gebäude

mit schönem Garten. Hier erwartet mich das alltägliche Geschäft, Duschen, Wäsche waschen. Zwischenzeitlich ist auch das Lebensmittelgeschäft wieder geöffnet. Gott sei Dank gibt es Gummibärchen. Aus Angst, dass hier die letzte Einkaufsmöglichkeit sein könnte, erwerbe ich mehrere Päckchen. Das sollte bis Santiago reichen. Wieder über ein halbes Kilo mehr Gewicht im Rucksack, aber sicher ist sicher.

Der große Aufenthaltsraum in der Herberge lädt zum gemeinsamen Weingenuss ein – heute in internationaler Runde, ein brasilianisches und ein kanadisches Ehepaar, zwei Französinnen, drei weitere Deutsche und ein junger polnischer Mann.

Die Hospitalera erweist sich als resolute Frau, die viel Wert auf Ordnung in ihrer Herberge legt. Liebevoll kümmert sie sich um ihre Blumen auf der Terrasse der Herberge.

Nachts dann viel Aufregung. Der Pole hat seinen Schlafplatz in den Aufenthaltsraum verlegt, die nach dem Rechten sehende Hospitalera lässt sein Argument, dass er nicht schlafen kann, wenn geschnarcht wird, nicht gelten. Wütend muss er die Matratze in unseren Schlafraum zurückbringen. Kaum ist die Herbergsmutter weg, zieht er zurück in den Aufenthaltsraum. Kurz darauf ist die Hospitalera wieder da, erneut der gleiche Streit. Zwischenzeitlich ist es Mitternacht, die Herberge hat keine Türen, und es ist unmöglich, zum wohlverdienten Schlaf zu finden. Die Hospitalera hat nun einmal das Hausrecht, und der junge Mann ist Gast, dann soll er sich doch an ihre Vorgaben halten.

Sonntag, 25.05.

Noch 100 km bis Santiago   w/au

Ausgiebiges Frühstück, auf dem heutigen Weg und in der nächsten Unterkunft soll es nichts zum Essen geben. Was ich frühstücke, brauche ich nicht schleppen. Zehn Broteinheiten, wie viel Insulin wird mein Körper jetzt benötigen? Lieber weniger als zu viel. So gestärkt, komme ich notfalls bis morgen Abend über die Runden. Außerdem kann ich nicht so recht daran glauben, dass nichts Essbares erhältlich sein soll. Für alle Fälle packe ich eine Kleinigkeit in meinen Rucksack. Die Hospitalera streichelt zum Abschied aufmunternd meinen Oberarm, ich respektiere sie und sie respektiert mich. Sie kümmert sich rührend um ihre Herberge, aber wehe, man hält sich nicht an ihre Regeln.

Nach Baamonde verlasse ich die Nationalstraße, deren Verlauf ich seit Irun gefolgt bin. Endlich hat das lästige Zickzack gehen um diese Straße ein Ende.

Die letzten Tage stehen am Wegrand immer mehr Kilometerangaben. Km 100 – ich kann es nicht fassen, nur noch 100 km bis Santiago. Erstmals befällt mich Wehmut, bald gilt es, Abschied zu nehmen.

Mein Weg führt durch dünn besiedelte Waldlandschaft. Eine kleine gotische Kapelle mit einer Quelle lädt zu einer ersten Rast ein. Stiche im Herzen, ich bin unkonzentriert und müde – fürs Frühstück immer noch zu viel Insulin berechnet. Mein Messgerät zeigt einen Wert von 28 an. Nach anderthalb Päckchen Gummibärchen und 15 Minuten Pause mache ich mich wieder auf den Weg. Und obwohl ich meine Basalrate weiter abgesenkt habe, passiert eine Stunde später nochmals das gleiche Malheur; erneut Gummibärchen. Den Rest des Tages liegen meine Werte dann um 200, kein Wunder, mein Körper reguliert gegen die niedrigen Werte. Wahrscheinlich ist meine Basalrate jetzt zu weit abgesenkt. Nach einem Monat Anstrengung gestaltet es sich immer schwieriger, zu starke Schwankungen meines Blutzuckers zu vermeiden, also noch öfter messen. Waldwege wechseln sich heute mit kleinen Teerstraßen ab, dazwischen tauchen kleine Ortschaften auf.

In Xeixon erwartet mich eine Hausmauer mit dem Spruch „Die Bürger von Xeixon grüßen die Pilger und wünschen eine gute Reise", dazu Symbole des Jakobsweges. Mir kommen Tränen der Rührung.

Ein Rastplatz mit hölzernen Tischen und Bänken verführt mich zum Mittagsschlaf. Die zeitweise hinter den Wolken hervorscheinende Sonne lässt es zu, dass ich mich meiner Schuhe entledige – welche Wohltat für meinen Fuß, der schon den ganzen Vormittag tobt. Heute zeigt nicht einmal die Schmerztablette die erhoffte Wirkung. Ich humple immer stärker. Eine Stunde später mache ich mich halbwegs erfrischt auf den Weiterweg.

Von weitem kündigt sich schon eine Schweinefarm an, der

Geruch ist unverkennbar. Der Bauer kommt auf mich zu und fragt, ob ich einen Doktor brauche, ich verneine. „Mit dem Fuß kommen Sie nicht nach Santiago." „Mit dem Fuß gehe ich seit Gijon, und mit dem Fuß gehe ich nach Santiago", entgegne ich energisch. Wo ich gestartet bin, will er wissen. „In Irun über Santo Toribio nach Santiago." Warum geht ein Mensch den Jakobsweg und warum seit Gijon mit Schmerzen, das möchte er verstehen können. „Weil ich krank bin." Nein, das glaubt er mir nicht, ich sei nicht krank, ich bin absolut fit. Ich erzähle über Diabetes, zeige ihm meine Pumpe, und dass ich seit acht Jahren immer wieder höre, was ich angeblich alles nicht mehr darf, nicht allein im Wald joggen, keine Bergwanderungen allein, besser keine Tour ins Hochgebirge unternehmen, mit dem Rucksack durch Länder wie Burma reisen, sei leichtsinnig. Dass ich es nicht mehr hören kann. Immer nur, was ich nicht mehr tun soll, und nie, was ich trotzdem noch alles kann. Und jetzt bin ich seit fast 800 km allein unterwegs. Der Farmer zeigt mit dem Daumen nach oben und nickt, er versteht. Heute werde ich nicht sterben, und was morgen ist, weiß keiner, und der Nächste, der mir erklärt, was ich angeblich nicht tun darf, dem soll ich sagen: „Komm, pack deine Sachen, gehen wir den Camino del Norte zusammen." Dass ich es schaffe, ist außer Frage, und der andere soll erst mal sehen, wie es ihm geht und wie weit er kommt. Das gefällt mir, aber ich ahne schon – solche Bemerkungen wird es in Zukunft nicht mehr geben. Mit jeder Kilometerangabe, die mir anzeigt, wie nahe Santiago schon ist, wird mir bewusst, welche Wunden diese Aussagen meinem Selbstbild, meinem Selbstverständnis bereitet haben.

Genauso schlimm empfinde ich die selbst ernannten „Diabetes-Experten", die alles besser zu wissen scheinen, und meine hilflose Wut darüber. Ihr „Fachwissen" besteht oft aus einer Mischung von dem, was sie gehört haben, und Vorurteilen.

Und wie ich es als Folge als ein Manko angesehen habe, an Diabetes erkrankt zu sein. Wie ich es vermieden habe, darüber zu reden, keiner sollte es mitkriegen, damit blieb ich wenigstens weitgehend von fragwürdigen Ratschlägen verschont.

Vier Wochen allein durch solche Strapazen haben dieses Bild zurechtgerückt. Ich kann alles so wie früher, ich muss nur mehr Dinge beachten. Das macht die Sache zwar komplizierter und anstrengender, aber nicht unmöglich. Und mit der gleichen Offenheit, mit der ich meine Gedanken und Gefühle ausspreche, wird mir begegnet. Ja, und sollte es wirklich ein nächstes Mal geben, würde ich entgegnen: „Komm, pack deine Sachen, geh mit mir auf dem nördlichen Weg nach Santiago" – das war zur Abwechslung mal ein guter Rat. Der Bauer verabschiedet sich, seine Arbeit wartet.

Nachdenklich setze ich meinen Weg fort. Was war die letzten zehn Jahre alles passiert. Begonnen hatte alles damit, dass ich im Urlaub plötzlich schlecht sah und mir darüber natürlich große Sorgen machte. Wieder zu Hause, suchte ich sofort einen Augenarzt auf – der glaubte mir meine Geschichte mit dem plötzlichen schlecht Sehen nicht, und seiner Meinung nach brauchte ich nur eine Brille, und meiner Eitelkeit war es zu verdanken, dass ich erst so spät etwas unternahm. Frustriert, aber beruhigt nach dem Motto, wenigstens nichts Ernstes, verließ ich die Praxis und unternahm das, was ich seit Jahren machte, wenn es mir nicht gut ging – ich begann mit Heilfasten. Innerhalb weniger Tage hatte ich meine alte Sehschärfe zurück und die verordnete Brille habe ich nie benutzt. Nach Beenden des Heilfastens passierte das Gleiche wieder, innerhalb kurzer Zeit ließ mein Sehvermögen nach. Und mir ging es körperlich sehr schlecht. Ich hatte Durst ohne Ende, verlor rapide Gewicht und war nur noch müde. Diesmal ging ich zu meiner Hausärztin. Ein Blutzuckertest brachte Aufklärung. Mit Werten um die 400 wurde ich ins Krankenhaus eingewiesen. Blutzuckermessungen, Insulin spritzen – ich war geschockt, konnte keinen klaren Gedanken fassen und hatte das Gefühl, im falschen Film zu sein.

Am Abend kam ein Arzt, um mich aufzuklären, dass ich den Rest meines Lebens krank sein würde, welche Konsequenzen das für mich habe – und je eher ich das begreifen würde, umso besser. Links, rechts – angesichts dieser emotionslosen, nüchternen Worte, denen es an Härte nicht mangelte, hatte ich das Gefühl, zwei Ohrfeigen versetzt zu bekommen; und nicht genug, die Faust in den Magen folgte bei Fuß.

In meiner Praxis hängt das Gebet des heiligen Franziskus für die Heilenden – für mich verkörpern diese Worte die Liebe: Herr, mache mich zum Werkzeug deines Heils:

wo Krankheit ist, lass mich Heilung bringen,
wo es Verwundung gibt, Hilfe,
wo Traurigkeit herrscht, Trost,
wo Verzweiflung ist, Hoffnung,
wo der Tod ist, Einwilligung und Frieden …

Wie weit die Medizin, unser Gesundheitssystem, davon entfernt ist, erfuhr ich jetzt selber – wie schmerzhaft der Unterschied zwischen theoretischem Wissen und praktischer Erfahrung! Wie hungerte meine Seele nach einem aufmunternden Wort, nach einem Zeichen des Verständnisses.

Nach weitergehenden Blutuntersuchungen stellte sich heraus, dass eine Autoimmunerkrankung meiner Schilddrüse nach 20 Jahren Ruhe wieder aufgeflackert war. Mir wurde eine Radiojodtherapie angeraten, danach würde ich voraussichtlich keine Insulininjektionen mehr brauchen. Heute kann ich über so eine Aussage nur den Kopf schütteln. Statistisch gesehen erkrankt von acht Menschen mit Diabetes Typ 1 einer an einer Autoimmunerkrankung der Schilddrüse, und ob mit oder ohne Schilddrüse, auf eines kann mit Sicherheit nicht verzichtet werden, und das ist Insulin. Vor 20 Jahren hatte ich mich einer Schilddrüsenoperation unterzogen, und danach war es mir lange Zeit sehr schlecht gegangen. Mit Grauen dachte ich an diese Zeit zurück – das wollte ich nicht noch einmal erleben.

Aber zu diesem Zeitpunkt standen mir solche Informationen noch nicht zur Verfügung. Ich wollte wissen, ob die Aussage des Krankenhausarztes stimmte. Also suchte ich einen

Diabetologen auf, um abzuklären, an welcher Form von Diabetes ich erkrankt war. Aber hier erntete ich Unverständnis, ich hätte doch bereits das beste Insulin. Das war richtig, mit dem im Krankenhaus verordneten Insulin war ich nicht zurecht gekommen, also hatte ich recherchiert, und auf Grund meiner eigenen Initiative benutzte ich zwischenzeitlich das „beste" Insulin. Trotzdem wollte ich es genau wissen und ließ nicht locker – also wurden auf meinen ausdrücklichen Wunsch Antikörper bestimmt und eine klare Diagnose gestellt, wenigstens etwas! Jetzt war es sicher, auch nach einer Operation würde ich weiter vom Insulin abhängig bleiben.

Mein Misstrauen gegen die ärztliche Kunst war geweckt, und ich verschlang alles, was ich zum Thema in die Finger bekam – dank unserer Informationsgesellschaft eine Fülle an Details. Die ersten Jahre kam ich ganz gut zurecht. Dann ereilten mich heftige nächtliche Unterzuckerungen, und auch tagsüber schwankten meine Blutzuckerwerte immer stärker. Außerdem bereitete mir meine Schilddrüse Sorgen. Der Weg, den ich eingeschlagen hatte, führte zu keinem Ziel, es war höchste Zeit, etwas zu ändern.

In einer Insulinpumpe sah ich die Lösung vieler Probleme.

Erneut suchte ich einen Diabetologen auf, aber unser Verhältnis war von Anfang an gestört. Ich hatte das Gefühl, dass die Ärztin dem, was ich berichtete, keinen Glauben schenkte, und mein Wunsch nach einer Insulinpumpe wurde abgelehnt. Die verordneten Veränderungen mit dem Basalinsulin führten zu einer schweren Ketoazidose. Ich ärgerte mich über mich selber – ich kannte meinen Körper. Aber mit dem Hinweis, dass ich ja gar nichts ändern wolle, waren meine Bedenken vom Tisch gefegt worden, und ich hatte mich wider besseres Wissen darauf eingelassen. Als Folge fühlte ich mich die nächsten zwei Wochen hundeelend – das geschah mir recht. Vertrauen sah ich als Basis für die Zusammenarbeit mit einem Arzt an, und das konnte ich hier nicht haben. Aber meine Probleme waren weiter da. Was sollte ich jetzt tun? In dieser Situation bekam ich über Ecken die Praxis eines Diabetologen und Endokrinologen vermittelt – eines Fachmannes für Diabetes und Schilddrüsenerkrankungen. Wie ich mit klopfenden Herzen im Wartezimmer auf meinen ersten Termin wartete – wie würde es diesmal laufen? Als erstes wurde mein Blutzuckertagebuch besprochen. „Ob ich noch nie an eine Insulinpumpe gedacht hatte?" Jetzt war ich sprachlos. „Doch, das würde ich gerne ausprobieren." Vor allem wurde mir und dem, was ich zu berichten hatte, geglaubt. Langsam fasste ich Vertrauen. Zwei Wochen später besaß ich meine Pumpe. Das nächste halbe Jahr war ausgefüllt mit Schulungen, lesen, ausprobieren, austauschen und vielen Arztterminen. Mein Einsatz lohnte sich. Mir ging es wesentlich besser. Im Herbst begannen dann meine Vorbereitungen für den Jakobsweg. Bei einer Woche Wanderungen in den Bergen studierte ich meine Blutzuckerwerte und meine Reaktionen bei stärkerer Belastung genau.

Und es war eine Hochgebirgstour in die Ötztaler Alpen geplant. Davon war der Diabetologe nicht gerade begeistert und warnte mich – die dünne Höhenluft zusammen mit Diabetes – eine riskante Mischung. Aber ich bekam auch genaue Hinweise, wie ich mich verhalten sollte. Ich würde an der Hochgebirgstour in jedem Fall teilnehmen, mit oder ohne Unterstützung – ich war mir sicher, der Arzt schätzte mich richtig ein – aber so war es wesentlich einfacher. Mit welcher relativen Leichtigkeit ich dieses Mal die Höhe und die damit verbundenen Anstrengungen bewältigte. Leider mussten wir auf Grund stark aufziehenden Nebels kurz unterhalb des Gipfels umkehren. Beim nächsten Behandlungstermin beantwortete ich die Frage, wie es mir geht, in Anlehnung an die erhaltenen Warnungen mit einem „ich lebe noch", und dass wir 100 Meter unterhalb des Gipfels umkehren mussten. „Diabetes war aber nicht der Grund" vergewisserte sich der Arzt. Einerseits wusste er, was alles passieren konnte, und musste seine Warnungen aussprechen, andererseits spürte ich seine Befriedigung darüber, was mir dank der guten Therapie alles möglich ist. Ich frage mich, wie es Ärzten wohl gehen mochte, die sich auf die Behandlung von Diabetes spezialisiert haben. Angetreten mit dem hohen Ziel, Krankheiten zu heilen, aber täglich erleben müssen, dass das in der Praxis nicht möglich ist. Und den Patienten zu sehr guten Therapien verhelfen können, aber was wird daraus gemacht? In meiner Vorstellung birgt das ein großes Frustrationspotential in sich.

Ein Jahr später wurde ich gefragt, ob wieder eine Tour ins Hochgebirge geplant sei – wie wenn es nichts Selbstverständlicheres gibt.

Ja, es ist ein weiter Weg gewesen, bis ich in einer Praxis gelandet bin, wo ich das Gefühl habe, so angenommen zu werden, wie ich bin, und auf meinem Weg begleitet werde.

Ich stolperte über den nächsten Wegweiser – noch 88 km bis Santiago.

Miraz erreiche ich kurz darauf. In der einzigen Bar ein Treffen der Fußkranken. Der junge polnische Mann, eine junge Deutsche, der Canadier und ich, wir haben unsere Probleme mit unseren Füßen. Ich schließe mich einem kühlen Bier an, eine Flasche Rotwein erstehe ich für den Abend. Dazu Kartoffelchips, mehr Auswahl gibt es nicht in der Bar. Die Herberge öffnet erst um 15 Uhr, die Hospitaleras machen heute am Sonntag einen Ausflug. In der Bar geht es hoch her. Jemand spielt auf einer Mundorgel, und es wird dazu gesungen und geklatscht. Der Aufforderung zu tanzen komme ich nicht nach, ich bin mir sicher, mein Fuß würde mir das verübeln.

Dann öffnet die englische Herberge ihre Pforten. Das Häuschen ist wunderschön in einem großen Garten gelegen. Zwei Engländerinnen begrüßen uns mit warmem Tee, wie viel Wärme in dieser Geste liegt. Anschließend genieße ich die warme Dusche und hänge meine Wäsche zum Trocknen im Garten auf, der Wind wird das seine dazu beitragen. In der Küche neben dem großen Kohleofen sitzt der junge Pole beim Essen. Der Duft von Rühreier und Speck lässt mir das Wasser im Mund zusammenlaufen. Neugierig frage ich, ob es etwas zu Essen gibt, die ältere Hospitalera reagiert abwehrend, ich hätte ja etwas im Rucksack tragen können. Mal versuchen, ob ich das Zauberwort für ihre Speisekammer kenne. Schamlos nutze ich für meinen knurrenden Magen meine Krankheit aus. Katheder und Reservoir gehören gewechselt, und das erledige ich in der Küche. Die beiden Engländerinnen, die zurzeit den Job der Herbergsmutter erfüllen, sehen interessiert zu. Von Beruf Krankenschwester, haben sie zwar schon von Insulinpumpen gehört, aber noch keine gesehen. Geduldig beantworte ich ihre Fragen. Und lasse noch einfließen, dass fast die Hälfte des Inhalts meines Rucksacks aus Diabetiker- bzw. Pumpenzubehör besteht. Simsalabim, die Engländerin schmilzt dahin und öffnet die Pforte zu ihrer Schatzkammer. Ich darf ihr eine Fertigpackung Spagetti Carbonara und ein Ei abkaufen. Kurz darauf sitze ich bei Sonnenschein und Vogelgesang im Garten und lasse es mir bei einem Rotwein schmecken. Die Frage, ob jemand weiß, wie das heutige Hockeyspiel der englischen Mannschaft ausgegangen ist, müssen wir verneinen. Ich schicke eine SMS an meine Söhne, wäre doch gelacht, wenn die das nicht im Internet recherchieren könnten. Währenddessen erzählt die Hospitalera aus ihrem Leben, das von frühen Tod und Verlusten begleitet war.

In der paradiesischen Stille des Gartens schreibe ich weiter an meinem Tagebuch.

Allein unterwegs zu sein, ist ganz anders als vor zehn Jahren mit meiner Freundin zusammen. Die Spanier/innen sind meistens sehr hilfsbereit, und schnell komme ich mit ihnen ins Gespräch. In den Dörfern wird sich gerne Zeit für einen Plausch genommen, und wenn ich genau hinhöre, sind oft interessante und lehrreiche Informationen für mich dabei. Allein bin ich nicht abgelenkt und habe Zeit, auf das zu hören, was mir Sonne, Wind, Bäume und Blumen, das Meer und die Erde erzählen. Je länger ich zuhöre, umso mehr haben sie zu erzählen.

Abends dann die Antwort – England hat gewonnen. Ich freue mich, dass ich eine erfolgreiche Meldung über den Favoriten der Herbergsmutter überbringen kann.

Gestern war die Herberge überfüllt, das Problem wurde mit Matratzen gelöst. Die Nähe zu Santiago ist spürbar, immer mehr Pilger sind unterwegs.

Montag, 26.05.

Statt dummer Bemerkungen ernte ich Applaus ' *Dobre .* /

Morgens erwartet uns im Aufenthaltsraum ein Candlelight Frühstück. Die Tische sind liebevoll mit Blumen und Kerzen geschmückt, und dazu gibt es Kaffee, Tee und Brot mit Butter und Marmelade. Die zwei Französinnen haben nur noch fünf Euro, ich biete an, Geld zu leihen. Ich bin mir sicher, dass ich es zurückbekommen würde, aber sie lehnen mein Angebot ab. Die Zwei sind interessante Frauen, würde mich gerne mal länger mit ihnen austauschen, aber sie wirken sehr distanziert.

Gegen 8 Uhr entlässt uns die Herberge zu einem neuen Tag. Auf einem Stein weisen alte Wanderschuhe den richtigen Weg. Nach kurzer Zeit bin ich durch mein Schneckentempo allein. Ich genieße den Duft des frischen Morgens. Mein Weg führt über riesige, auf dem Boden liegende Granitblöcke. Wie viele Pilger haben diese Steine seit Hunderten von Jahren schon getragen? Einsam steht eine große Pinie in der Mitte des Weges, hinter ihr ziehen dunkle Gewitterwolken auf. Weit und breit sind keine Häuser, nur malerische Heide- und Ginsterlandschaft.

Auch heute sinkt mein Blutzucker 1 ½ Stunden nach dem Frühstück viel zu weit ab. Ab morgen werde ich wieder nur eine Kleinigkeit frühstücken, damit geht es mir eindeutig besser.

Irgendwann treffe ich wieder auf Straßen, und in der einzigen Bar weit und breit sehe ich einen Großteil der Mitpilger wieder. Zeit für ein zweites Frühstück, Chorizo, Käse und Weißbrot, dazu erst Bier und heiße Schokolade. Der Canadier kann überhaupt nicht mehr laufen, er und seine Frau lassen sich von einem Taxi abholen. Spanische Radpilger treffen in dieser internationalen Bar ein. Als ich meinen Rucksack schultere, fragen sie: 15 kg? 20 kg? 40 kg? Ich lache, nein nur 13 kg. Und dann erkläre ich wieder einmal den Grund. Nachdenkliche Blicke. Kurz darauf rauschen sie an mir vorbei, noch ein paar aufmunternde Pfiffe und schon sind sie außer Sichtweite.

Am frühen Nachmittag dann in der nächsten Bar Joghurt und Mandarinen, dazu erneut ein Bier. Im angegliederten Geschäft kaufe ich ein Grablicht, die werden in Spanien oft in Kirchen aufgestellt. Morgen hat mein Sohn seine letzte Abiturprüfung. Den ganzen Tag regnet es vor sich hin, zwar nur Nieselregen, aber irgendwann ist der auch auf der Haut angelangt.

Dann tauchen die Kirchtürme des Klosters von Sobrado dos Monxes vor mir auf. Bin ich erleichtert, lange hätte ich die Schmerzen in meinem Fuß nicht mehr ausgehalten. In den ehemaligen Stallungen des Klosters ist eine Herberge mit 60 Liegen untergebracht. Erschöpft falle ich erst einmal in mein Bett. Im Kloster ist es feucht, trockene Sachen kann ich morgen vergessen. Meine Bettnachbarn sind eine Gruppe Spanier, Franzosen und ein Argentinier, die sich auf dem primitiven Weg von Oviedo nach Santiago zusammengefunden haben. Ich erzähle von meiner Route. Was meinem Fuß fehlt? Vermutlich eine Sehnenentzündung. Einer aus ihrer Gruppe hat ähnliche Probleme mit seinem Fuß, er bietet mir seinen Eisbeutel an. Ich lehne ab, mir tut Wärme gut. Nein, bei Tendinitis ist Kälte gut. Aber ich beharre auf meinem Bedürfnis nach Wärme. Ein energischer Spanier fordert ihn auf, mich damit in Ruhe zu lassen, wenn ihr Wärme guttut, dann tut ihr Wärme gut!

Anschließend beäugt er misstrauisch meinen Rucksack; wie schwer ist denn der? Jetzt geht das schon wieder los! 13 kg. Und bevor irgendeine Bemerkung kommen kann, erläutere ich den Grund, erkläre meine Pumpe, das viele Zubehör, das ich mit mir trage. Interessiert werde ich von der Gruppe umrundet. Und die Sachen im Rucksack brauche ich alle, sie ermöglichen es mir, allein unterwegs zu sein. Und wehe, wenn jetzt irgendein dummer Kommentar kommt! Dem trotzigen kleinen Kind in mir wollen die Zügel durchgehen, schnell verbiete ich ihm den Mund.

Kaum habe ich geendet, fängt die Gruppe spontan zu applaudieren an.

So ist das, wenn man bisherige Erfahrungen in einer ähnlichen Situation wieder erwartet, stelle ich verlegen fest. Der resolute Spanier bittet mich für sein Tagebuch noch um meinen Namen. Ich will wissen, wie sie weiter nach Santiago gehen wollen. Normalerweise sind zwei Tagesetappen auf dem französischen Weg erforderlich. Aber ein Mitglied der Jakobsgesellschaft in Aviles und der Mailänder haben mich auf eine andere Route hingewiesen. Danach ist nur der letzte Tag auf dem Hauptweg erforderlich, um die 20 km. Der Spanier bestätigt mir diese Alternative und erklärt sie genauer. Das bedeutet allerdings morgen eine Etappe zwischen 35 und 40 km, ein Kraftakt mit meinem Fuß.

Anschließend besichtige ich das erste spanische Zisterzienserkloster. Einige Gebäudeteile aus dem 13. Jahrhundert sind noch erhalten. Vor einem alten Fresko, das einen Engel zeigt, zünde ich die Kerze an für meinen Sohn. Im Freien treffe ich auf einen spanischen Radpilger. Er ist mit seinen Freunden unterwegs. Angeblich soll es hier einen Geist geben, in der Nacht wollen sie ihn in den alten Räumlichkeiten aufsuchen. Und da werden sie ihn auch finden. Ich erzähle von der Kerze, die ich aufgestellt habe. Er amüsiert sich köstlich, davon wird er seinen Freunden nichts erzählen, und wenn sie in der Nacht dahin gehen und das Licht sehen … – ich kann mir die gruselige Atmosphäre vorstellen. Ich würde zu Tode erschrecken.

In einer nahegelegenen Bar gönne ich mir bei einem Wein noch ein Bocadillo mit Tortilla.

Um 19 Uhr gehe ich in die gesungene Vesper. Mir kommen die Tränen. Einerseits das langsame Abschied-nehmen-müssen vom Weg – andererseits die Erleichterung, bald am Ziel zu sein.

Dienstag, 27.05.
Ich bin Gesprächsthema

An nächsten Morgen breche ich früh auf. An einer Tankstelle kaufe ich mir eine galicische Straßenkarte. Kilometer später in der letzten Bar in Boimorto ein reichhaltiges Frühstück, und ich lasse meine Wasserflasche auffüllen. Dabei studiere ich den vor mir liegenden Weg genauer. Erfreulicherweise gibt es ein paar Kilometer später vor Mota doch noch eine neue Bar. Bei zwei Cafes con leche werde ich wacher und meine Erschöpfung lässt etwas nach. Langsam trocknen meine nassen Socken in den Schuhen. Jedes Mal, wenn ich morgens mit nassen Socken in feuchte Schuhe schlüpfe, habe ich abends neue Wasserblasen, und an das Brennen frischer Wasserblasen kann ich mich nicht gewöhnen. Es kostet Überwindung, keine Schonhaltung einzunehmen, sondern stattdessen in den Schmerz hineinzugehen. Nach dem ersten Kilometer wird es dann erfahrungsgemäß leichter. Schonhaltung einnehmen würde bedeuten, Wasserblasen an anderen Stellen zu provozieren – und das ist keine Lösung. Wie die Blasen der ersten Wochen bei den täglichen Strecken abheilen konnten, ist mir ein Rätsel.

Die Gruppe von gestern zieht an mir vorbei, eine Bestätigung, dass ich auf dem richtigen Weg bin.

Nach Mota dann die Überraschung, ich stolpere über einen

gelben Pfeil – es gibt Markierungen. Einen heftigen Regenschauer nutze ich in einem Bushäuschen für einen Mittagsschlaf.

Der Weg zieht sich endlos dahin, mein Fuß schmerzt höllisch, aber am späten Nachmittag erreiche ich doch noch
den Hauptweg. Die vielen Menschen erschlagen mich, ich
komme mir vor wie auf einer Autobahn. An der Herberge in
Santa Irene winken die Pilger gleich ab, es gibt keine freien
Betten mehr. Dabei will ich nur einen Stempel für meinen
Pilgerausweis. Dazu gehe ich in die Herberge. Welche An-
nehmlichkeiten mich hier erwarten. Schöne Einrichtung im
Aufenthaltsraum mit Fernseher und Ofen, eine Bettwäsche
bügelnde Herbergsmutter – ich komme aus dem Staunen
nicht mehr raus. Die nächste Herberge gibt es in Pino, mit
120 Betten. Zusammen mit 120 Pilgern zu nächtigen, darauf habe ich wirklich keine Lust. Am Ortseingang von Rua
ein Hinweisschild auf ein Hostal. Während ich überlege, ob
ich dem folgen soll, kommt eine Deutsche, grüßt nicht und
meckert über ihre Freundin los. Schnell mache ich mich aus
dem Staub. Was für eine Stimmung, aber wahrscheinlich
wäre ich auch genauso entnervt, wenn ich die Menschen-
massen und den täglichen Kampf um ein Bett erlebt hätte.

Im Hostal ergattere ich noch ein freies Zimmer. Endlich wieder ein Raum für mich allein, eine Dusche mit Massagedüsen, gut riechendes Shampoo und Seife – mein Wasserver-
brauch erreicht astronomische Höhen, und ich schwebe im
siebten Himmel.

Mein linker Fuß ist so geschwollen, dass die Knöchel nicht mehr sichtbar sind. Nur noch 23 km, tröste ich ihn.

In der Bar überbrücke ich die Zeit, bis das Restaurant öffnet, bei einem Orucho amarillo – einem gelben Kräuterschnaps. Mein erster ist mir vor ewig langer Zeit, so kommt es mir vor, spendiert worden und damit die Verführung zu weiteren gelegt worden. Schnell komme ich mit zwei Italienerinnen ins Gespräch.

Kurz darauf ein Wiedersehen mit den zwei jungen Österreichern. Die Zwei haben sich gerade gefragt, ob sie mich wohl nochmals treffen – und schon sitze ich da. Endlich darf Platz im Restaurant genommen werden. Ein gutes Tagesmenü erwartet mich. Die beiden erzählen, dass sie viel von mir gehört haben auf dem Weg, über mich wird geredet. Meinen fragenden Blick beantworten sie schnell – nur Gutes; dass ich trotz meiner persönlichen Umstände diese schwere Route so schnell gehe. Schnell, jetzt muss ich lachen, nein mit durchschnittlich drei bis vier Stundenkilometern gehe ich weiß Gott nicht schnell. Und die notwendigen Pausen gönne ich mir tagtäglich. Dann schon eher ausdauernd. Oft genug haben meine täglichen Etappen 12 bis 14 Stunden gedauert. Aber dazu bin auch nach Spanien gekommen. Etwas verlegen bin ich, aber mein Selbstwertgefühl fühlt sich geschmeichelt.

Unausweichlich landen wir nach dem schmackhaften Essen beim Orucho. Der zuvorkommende Besitzer des Hostals sucht zwischenzeitlich ein Hotel in der Altstadt mit Nähe zur Kathedrale für uns. Ist nicht so einfach, weil in Santiago ein Kongress stattfindet. Schließlich findet er doch noch eins, fünf Minuten Fußweg von der Kathedrale entfernt. Für wie viele Übernachtungen? Diese Frage kann ich erst beantworten, wenn ich einen Platz im Autobus zurück nach Bilbao habe. Auch dieses Problem wird von dem freundlichen Herrn gelöst. Er bucht mir für den 31. Mai den letzten freien Platz im Bus, also drei Übernachtungen.

Kurz vor Mitternacht falle ich ins Bett. Noch ein kurzes Telefonat mit meinem Mann ♥. Wenn mein Fuß nur nicht so wehtäte.

Mittwoch, 28.05.

Auf zur letzten Etappe

Früh am Morgen breche ich zu meiner letzten Etappe auf, in der Erwartung, auch das letzte Stück des Weges allein für mich zu haben. Eine trügerische Hoffnung, es sind bereits massenhaft Menschen unterwegs. Ich sehe heute Vormittag viel mehr Pilger als auf dem ganzen Küstenweg. Ich kann mir nicht vorstellen, dass ich auf dem französischen Weg zur Ruhe und zu mir selber gefunden hätte. Die entnervte Dame von gestern kommt mir in den Sinn und mein Verständnis für sie wächst.

Bei Kilometer 20 haben Pilger Dinge auf einen Monolithen abgelegt. Das ist der richtige Platz für den Stein, den ich seit zu Hause mit mir trage. Der dunkelgraue Stein hat eine weißes Muster – sieht aus wie ein A für Angst. Wenn man ihn umdreht, stellt es sich ganz anders dar – ein V für Vertrauen. Ich habe ihn letztes Jahr Ende Oktober beim Schwimmen in meinem Lieblingssee entdeckt.

Am Meer habe ich eine Muschel gefunden und durchs Gebirge eine Feder. Der Stein steht für das Element Erde und die Last, die ich hier symbolisch ablege, die Muschel für das Element Wasser und die Feder für das Element Luft. Ein Sonnenstrahl fällt auf den Monolithen – jetzt ist auch das Element Feuer anwesend.

Vor zehn Jahren hatte ich an der Grenze nach Galicien auch ein Ritual vollzogen. 500 km lang wartete ich auf den richtigen Ort. An jenem frühen Abend hatte meine Freundin noch ein Kreuz aufgesucht und gemeint, das wäre der richtige Platz für mich. Etwas am Klang ihrer Stimme ließ mich aufhorchen. Ich packte meine Sachen zusammen und machte mich auf den Weg zum weithin sichtbaren Kreuz. Mist, da würde man mich sehen können, außerdem fehlte das Element Wasser. Aber diese Probleme würden sich lösen, da war ich mir sicher. Dann zog innerhalb kürzester Zeit dichter Nebel auf, der alles verschluckte. Damit ich wieder zur Herberge zurückfinden konnte, merkte ich mir einige markante Punkte. Oben beim Kreuz war ich ungestört, und mit dem feuchten Nebel war auch das Element Wasser dabei. Auf dem Rückweg zur Herberge riss nach wenigen Minuten der Nebel auf, und ich trat wieder in den Sonnenschein, lediglich der Berg hinter mir war von Nebelschwaden verdeckt. Ich hatte mich auf Kräfte der Natur eingelassen und ihre Hilfe erhalten. Seitdem habe ich einen großen Respekt vor Ritualen.

Später habe ich von Rupert Sheldrake einen Erklärungsversuch für mein Erlebnis erhalten. Wenn Menschen die gleiche Handlung vollziehen, entsteht ein sogenanntes morphogenetisches Feld; je mehr Menschen diese Handlung machen, umso größer das Feld. Und man konnte Unterstützung aus diesem Feld erhalten. Für mich fühlt sich dieses Modell stimmig an.

An der ersten überfüllten Bar gehe ich vorbei, hier habe ich keine Lust auf ein Frühstück. Kilometer später eine weitere Bar neben der Straße. Zeit für einen Milchkaffee. Die Bedienung meint, ich soll meinen Rucksack draußen vor dem Lokal abstellen. Verdutzt frage ich nach: draußen? Ja, so wie es überall üblich sei. Der Rucksack nimmt zu viel Platz weg. Entschuldigend erkläre ich, dass auf dem Camino del Norte andere Sitten herrschen. Seufzend suche ich mir einen Platz, von dem aus ich meinen Rucksack mit seiner wertvollen Fracht im Auge behalten kann. Schnell füllt sich das Lokal und ich breche wieder auf.

Ein junger Spanier – ich vermute ein Student – macht jeder Frau schöne Augen. Er ist sehr gepflegt, trägt saubere Kleidung. Wie lange mag er mit seinen makellosen Klamotten bei diesem Matschwetter schon unterwegs sein? Glaubt er wirklich, mich mit seinem Augenzwinkern beeindrucken zu können? Nein, an großen Jungen bin ich nicht interessiert. Da bin ich gegen den Charme meiner zeitweisen italienischen Begleitung schon wesentlich weniger immun gewesen.

Kurz vor Santiago setzt ein paar Meter über mir ein Flugzeug mit ohrenbetäubendem Lärm zur Landung an. Kurz darauf erreiche ich den Monte Gozo und reihe mich in die Schlange um einen Stempel ein. Dieser Ort ist genauso hässlich, wie ich ihn in Erinnerung habe.

Ich passiere das Ortsschild „Santiago de Compostela" – noch 5 km bis zur Kathedrale! Schlagartig tut mir nichts mehr weh. Es gießt wieder einmal in Strömen – zum letzten Mal auf meiner Wanderung. Fast am Ziel. 4 ½ beschwerliche, entbehrungsreiche einmalig schöne, intensiv gelebte Wochen neigen sich dem Ende zu. Meine Gefühle überwältigen mich, ich fange an zu weinen. Ich pflücke ein paar Blumen, Ringelblumen mit ihren Gelb-Orangetönen und weiße Margeriten. Langsam kommen die Türme der Kathedrale in Sicht, kurz darauf stehe ich vor ihren Pforten. Die Pilgermesse ist gerade zu Ende gegangen und die Menschen strömen aus der Kirche. Ich bin am Ziel.

Andächtig betrete ich die Kathedrale und stelle mich in der Schlange vor der Statue des heiligen Jakobus an. Entledige mich meines Regencapes. Die Menschen vor mir holen Geld hervor, um für ein Bild des Heiligen zu bezahlen. So ist das also heute. Dann bin ich an der Reihe, steige die Stufen hinter den Altar hoch, und schluchzend berühre ich die Statue des Heiligen. Lege meine Blumen ab. Die Aufsichtsperson hebt die Blumen auf und platziert sie weiter oben an einer geschützte Stelle. Das Heiligenbild schenkt er mir, mein Geld wehrt er ab. Danach bleibe ich noch lange in der Kathedrale, zünde Kerzen an. Ich kann es immer noch nicht fassen – ich bin am Ziel. Morgen werde ich nicht früh aufstehen, meinen Rucksack packen und aufbrechen. Morgen werde ich nicht nach einer Gelegenheit für Essen und Trinken Ausschau halten. Regen oder Sonnenschein – unwichtig. Wo schlafe ich? Diese Frage wird sich nicht mehr stellen. Schnarcher in der Pilgerherberge – gibt es nicht mehr. Schwankende Blutzuckerwerte – kein Problem mehr, ich muss mich nicht mehr anstrengen. Traubenzucker und Gummibärchen im Überfluss, aber davon würde ich jetzt nicht mehr viel brauchen.

Ich bin am Ziel!

Meine Tränen wollen nicht versiegen. Eine Spanierin nimmt mich in den Arm und freut sich mit mir. Meine Tränen wischen auch meine Traurigkeit beiseite. Morgen kann ich nicht mehr früh aufstehen, meine Sachen packen und mich auf den Weg begeben. Morgen ergibt sich keine Gelegenheit mehr, nach einer Möglichkeit zum Essen und Trinken zu suchen. Morgen spielt das Wetter keine Rolle mehr, morgen stellt sich nicht mehr die Frage, wo schlafe ich und gibt es Schnarcher in der Herberge – leider. Ab morgen ist der Weg nicht mehr mein Lehrmeister.

Ich bin am Ziel!

Ich kann es immer noch nicht fassen.

Ich bin am Ziel!

Irgendwann versiegen dann doch meine Tränen, und ich mache mich auf den Weg zum Pilgerbüro, meine Pilgerurkunde abholen.

Erneut stehe ich in einer langen Schlange und warte.

Zwischenzeitlich rufe ich meinen Mann an, er soll raten, wo ich bin. Später erfahre ich, dass mein Anruf ihn auf einer hohen Leiter erreicht hat, er musste sich festhalten, um nicht runterzufallen. Danach noch eine Reihe von Telefonaten.

Dann bin ich an der Reihe, glücklich halte ich meine Pilgerurkunde in Händen.

Ich suche das Hotel, es erweist sich als gute Wahl. Anschließend Mittagessen und dann wieder zurück in mein Quartier.

Das Bett verführt mich zum Schlaf, und zwei Stunden später werde ich wieder wach. Über mein Handy erreichen mich erste Glückwünsche.

Abends gehe ich nochmals in die Kathedrale, es beginnt gerade die Abendmesse.

Anschließend ziehe ich von einer Bar in die nächste. An einem Tisch ist noch Platz frei, und ich frage, ob ich mich dazusetzen darf. Sieh an, zwei Deutsche laden mich zum Platznehmen ein. Und sie erzählen von ihren Erlebnissen auf dem französischen Weg. Ich überrede sie zu Kräuterschnaps – er schmeckt ihnen genauso gut wie mir. Dem ersten Orujo folgen weitere. Am Nebentisch verfolgt ein Mann unser Gespräch. Als ich anfange, vom Küstenweg, von Santo Toribio und den Bärenspuren zu erzählen, steht er auf und fragt, ob er sich zu uns setzen darf. Natürlich. Nach kurzer Zeit bricht er wieder auf, er ist zum Abendessen verabredet. Irgendwann bin ich so betrunken, dass ich nicht mehr weiß, wo mein Hotel ist. Gut, dass die Zwei eine Ahnung haben, wo das sein könnte, und mich begleiten. Wie gefährlich sich der viele Alkohol auf meinen Blutzuckerspiegel auswirken kann, davon will ich heute nichts mehr wissen. Dunkel ist noch hängen geblieben, dass die Leber vorrangig den Alkohol entgiftet, deswegen kann es die nächsten Stunden zu einer Hpoglykämie kommen. Aber mein Wert ist bei 200 – keine Gefahr. Mit diesem Gedanken falle ich ins Bett. Früh morgens muss ich meine Werte nach unten korrigieren, dann drehe ich mich um und schlafe weiter.

Donnerstag, 29.05.

Überraschende Begegnung

Zum Frühstück um 9.30 erscheine ich mit Brummschädel
– endlich einmal Kopfschmerzen aus anderen Gründen.
Ich genieße das Frühstück in aller Ruhe, Pilgermesse ist erst
um 12 Uhr. Bleibt auch noch Zeit zum Wäsche waschen.
Ich hab genug Alkohol getrunken, nach dem Giftcocktail
der letzten Wochen bestehend aus Wein, Bier, Orujo und
Schmerztabletten braucht meine Leber Erholung. Ab heute,
beschließe ich, keinen Tropfen Alkohol mehr.

Vor dem Gottesdienst probt eine Nonne mit schöner Stimme den Refrain eines Liedes mit uns ein. Während der
Messe werden die Pilger begrüßt, mit Nationalität und dem
Startpunkt ihrer Wallfahrt. Zuerst die Pilger des Camino
Francese, die Liste scheint gar nicht mehr aufzuhören. Dann
kommt der Silberweg, ich zähle mit – neun Pilger. Dann
wird eine Deutsche begrüßt, die in Irun gestartet ist (mein
Herz schlägt höher), zwei Österreicher seit Bilbao und einer
seit Santander, das war der Camino del norte. Und vom por-
tugiesischen Weg einer, der seit Lissabon unterwegs ist.

Dann bedankt sich der Priester bei einer Pilgergruppe aus
Roca für ihre großzügige Spende. Mein Herz schlägt Purzel-
bäume – es wird doch nicht??? Doch es stimmt, Mönche in
ihren Kutten lassen das Weihrauchfass herunter. Sie ziehen

am Strick und bringen dadurch den Kessel zum Schwingen, fast bis zur Decke hoch. Ich kann mein Glück kaum fassen, welch ein krönender Abschluss.

Nach der Messe schüttet es wieder einmal, ein Grund mehr, das nächste Lokal aufzusuchen. Nach dem Mittagessen führt mein Weg zurück zur Kathedrale. Vor der Kirche spricht mich ein Deutscher an: „Sie haben ihren Füßen ja ganz schön was zugemutet." Ja, entgegne ich, wie er auch. Er verneint, er ist mit einer Reisegruppe unterwegs. Sie sind mit dem Bus gefahren und dazwischen Etappen zu Fuß gegangen. Einige von ihnen haben Lust auf mehr bekommen und überlegen, den Weg später einmal evtl. ganz zu gehen. Und dann heute das Schwingen des Weihrauchkessels, jetzt hat er alles gehabt, was will man mehr. Nachdenklich antworte ich, dass das nicht stimmt. Ihm gehen die täglichen Erfahrungen und Begegnungen auf dem Weg ab. Der Weg ist das Ziel, und mein Ziel habe ich auf dem Weg in vielfacher Hinsicht erreicht. Ich habe nicht einfach nur Santiago erreicht, ich habe Santiago mit insulinpflichtigem Diabetes im Gepäck erreicht. Ich habe eine andere Einstellung zu meiner Krankheit gewonnen. Und in Zukunft muss ich weder mir noch anderen mehr beweisen, dass ich das alles kann – ich bin an mein Ziel gekommen, jeden Tag aufs Neue. Diabetes hindert mich an nichts. Wichtig ist, dass ich bewusst mit mir umgehe, achtsam auf die Signale meines Körpers achte. Der Aufwand, den ich betreiben muss, ist größer, das ist auch schon alles.

Sollte es ein nächstes Mal geben, dann konnte ich einfach nur gehen, absichtslos. Ich ahne, dass ich mich nochmals auf den Weg begeben werde und das nicht erst in weiteren zehn Jahren.

Nach dem Weg ist vor dem Weg, das Ende ist gleichzeitig ein Anfang.

Zum ersten Mal in meinem Leben bin ich so lange Zeit allein unterwegs gewesen. Aber allein ist nicht gleichbedeutend mit einsam. Ich habe mich immer begleitet und gut aufgehoben gefühlt. Immer habe ich mich einbettet in ein großes Ganzes gefühlt. Ich bin an mein Ziel gekommen. Ich hoffe, dass ich dieses Gefühl der Verbundenheit in den Alltag hinüberretten kann.

Immer wenn ich annahm, es geht nicht weiter, ist eine Tür aufgegangen, hat sich eine Chance geboten, die sah zwar oft anders aus als erwartet, aber ich musste nur zugreifen, und alles wendete sich zu meinem Besten. Ich bin an mein Ziel gekommen. Ich wünsche mir, dass das Vertrauen in das Leben mein ständiger Begleiter wird.

Offen bin ich auf den Weg und die Menschen zugegangen, und die gleiche Offenheit ist mir entgegengekommen. Ich bin an mein Ziel gekommen. Mit der gleichen Offenheit will ich meinem zukünftigen Leben begegnen.

Mit schon fast kindlicher Naivität bin ich davon ausgegangen, dass es jeder gut mit mir meint. Ich bin an mein Ziel gekommen. Ich will viel öfter das Kind in mir zu Wort kommen lassen und an das Gute glauben.

Ich habe auf meine innere Stimme gehört, keine ihrer Ideen ist mir zu dumm gewesen, um sie in die Tat umzusetzen. Ich bin an mein Ziel gekommen. Ich wünsche mir, immer ein offenes Ohr für die Weisheit dieser Stimme zu haben.

Erneut werde ich von jemandem angesprochen und freundlich gegrüßt. Irgendwoher kommt mir das Gesicht bekannt vor, aber woher? Er deutet meinen fragenden Blick richtig. „Verstehe ich, dass du dich nicht mehr erinnerst, hattest ja schon einige Oruchos getrunken, und der hat es in sich." Der Mann, der sich gestern an den Tisch gesetzt hat.

Er begleitet mich zu einer heißen Schokolade. Er ist genauso interessant, wie er aussieht, und weiß unheimlich viel über die Jakobswege. Er hat eine Erkrankung des Herzens und soll sich viel bewegen. Seitdem scheinen die Jakobswege sein Zuhause zu sein. Dieses Mal ist er von Lissabon nach Santiago gepilgert. Als der Papst starb, war er in Santiago und beschloss spontan, den französischen Weg rückwärts nach Rom zu pilgern. Er ist schon alle Jakobswege gegangen, vier Mal den Küstenwanderweg, weil ihm der so gut gefällt. Ich erhalte eine Reihe von Ratschlägen, wo ich anders hätte gehen können, es eine kürzere oder bessere Route gibt.

Wer weiß, vielleicht kann ich die Tipps ja noch gebrauchen. Und er war im Februar in Santo Toribio de Liébana. Mir fällt der Eintrag in das Pilgerbuch in der Herberge von Potes ein – der Augsburger! Was für eine Begegnung! Wenn wir uns am Ende unserer beider Wege verabredet hätten – es wäre zeitlich nie zu bewerkstelligen gewesen.

Ob es überhaupt möglich war, im Februar in die Berge zu gehen? Gut sogar, im Februar lag die Temperatur bei 20 Grad, und bis April gab es an der Küste keinen Regen. Der ist erst im Mai gekommen, und die Niederschläge, die normalerweise im Frühjahr fallen, sind alle in diesem Monat nachgeholt worden.

Ich frage ihn über den Weg durch Portugal aus, vielleicht ist unser Zusammentreffen ja ein Hinweis, dass ich beim nächsten Mal diese Route wählen soll. Für Santiago gibt er mir den Tipp, ins Dom- und Pilgermuseum zu gehen und mir die Kirche Collegiata Saar anzusehen. Während seiner Schilderungen verdrücke ich bereits mein zweites Stück Tarta de Santiago. Der Mandelkuchen schmeckt lecker, und dieses Insiderwissen ist auf einer anderen Ebene genauso köstlich.

Dann führt mich mein Weg zurück ins Hotel, ich bin hundemüde und will nur noch schlafen.

Zwei Stunden später bin wieder unterwegs, dieses Mal auf Shopping Tour. Für meine Söhne entdecke ich Karten mit Motiven des spanischen Jakobswegs und schönen Sprüchen. Für die Freundin meines Sohnes eine Halskette mit Muschel, und mein Mann bekommt eine Tarta de Santiago. Auf der Suche nach der besten Mandeltorte koste ich mich durch die angebotenen Probehäppchen durch.

Meine Füße sind eiskalt – in meine Wanderschuhe mag ich nicht mehr schlüpfen, bleiben nur die Flipflops. Und nachdem es immer wieder regnet und die Straßen nass sind, laufe ich barfuß darin. In einer Bar bei einem heißen Tee ziehe ich meine Socken an und wärme meine Füße auf. Auf dem Weg zum Hotel noch ein T-Shirt für mich – neu, gut riechend.

Nachts finde ich keinen Schlaf, mein Fuß tobt, die Kälte verschlimmert den Schmerz. Weder halte ich den Druck der Matratze, noch den Druck der Bettdecke aus. Ich benutze eine Decke als Knierolle und lasse meine Füße hinten aus dem Bett baumeln, die einzig erträgliche Stellung für mich. Wie habe ich es geschafft, mit dem Fuß so weit zu gehen? Ich weiß es nicht – die Antwort auf diese Frage muss ich mir schuldig bleiben.

Freitag, 30.05.
Es gibt sie doch, die Stille in Santiago

Morgens folge ich dem Rat des Augsburgers und mache mich mit dem Bus auf den Weg zur Kirche Collegiata Saar. In die Kirche geht es durchs Museum, bei einer älteren Dame ist der Eintritt zu bezahlen, 1 Euro. Was mit meinem Fuß ist, möchte sie wissen. Zuviel gegangen, von Irun über Santo Toribio nach Santiago. Die Frau kommt hinter dem Tisch hervor, bückt sich, zieht meinen Socken aus, tastet den Fuß mit sachkundigen Fingern ab und massiert ihn liebevoll. Berührt bedanke mich mit einem Kuss auf ihre Wange für die liebevolle Geste.

Die Kirche ist ein architektonisches Meisterwerk. Hier finde ich die Stille, die ich bis jetzt in Santiago vergeblich gesucht habe. Die Säulen sind nicht gerade, sondern schräg gebaut, so dass die Kirche sich nach oben hin öffnet. Ein Abbild meiner Erfahrung auf dem Jakobsweg – je länger ich unterwegs gewesen bin, umso mehr habe auch ich mich Richtung Himmel geöffnet. Je länger ich das betrachte, umso mehr spielt mir mein Gleichgewichtssinn einen Streich und mir wird schwindelig. Vor dem Marienaltar stelle ich eine Kerze auf und bedanke mich für die gute Führung und die guten Fügungen auf meiner Wanderung.

Zurück in der Altstadt treffe ich ein bekanntes Gesicht aus

der Herberge in Villanova de Lourenza, wir umarmen uns. Der Spanier hat Santiago am gleichen Tag wie ich erreicht, auch er ist sehr gerührt gewesen; deutet mit seinen Fingern auf seine Augen.

Das Pilgermuseum ist klein, aber fein; kostenloser Eintritt, und ich bekomme ein Buch in Deutsch als Führer ausgeliehen. Welche Strapazen die Pilger früherer Zeiten auf sich genommen haben – dagegen ist Pilgern heute ein Luxus und ein Genuss!

Es regnet wieder, das bedeutet Heiße-Schokolade-Zeit. Ich rufe in der Herberge in Bilbao an – kein Problem, selbstverständlich kann ich die nächsten zwei Nächte da schlafen – auch die Pilger im Mittelalter übernachteten auf ihrem Heimweg in den Pilgerherbergen.

Wie mag es den beiden Französinnen gehen?

Ein letztes Mal suche ich die Kathedrale auf und nehme Abschied.

Siehe da, auf dem Weg zum Hotel winken mir die Französinnen aus einem Café zu und laden mich freudestrahlend zum Tee ein. Sie sind heute angekommen. Seit vier Jahren sind die beiden von Le Puy nach Santiago unterwegs, jedes Jahr bewältigen sie an die 400 km. Eine der beiden lässt sich seitdem eine Haarsträhne wachsen, die zu einem Zopf geflochten ist. In Finesterre beabsichtigt sie, ihn abzuschneiden und zu verbrennen und die Asche ins Meer zu streuen. Zum Abschied drücke ich die beiden ganz fest.

Samstag, 31.05.

Abschied

Am nächsten Tag führt mich mein Weg früh zum Busbahnhof. Nach einem Frühstück bricht der Bus vom unterirdischen Terminal zur Fahrt durch die Berge auf.

Ich entdecke eine Kilometerangabe, nach San Sebastian 555 km, oben auf dieser Brücke habe ich vor einer knappen Woche das gleiche Schild gelesen.

Über die Brücke von Ribadeo geht es in atemberaubender Höhe humpelnd dahin – schnell schließe ich meine Augen, bevor mir noch schlecht wird. Eine weise Entscheidung, nicht zu Fuß über die Brücke zu gehen, sondern mit dem Boot überzusetzen!

Mit Ausnahme des Abstechers nach Oviedo fährt der Bus den ganzen Camino del norte ab, die letzten Wochen habe ich die Nationalstraße immer wieder über- und unterquert. Ich erkenne viele Orte, viele Strecken wieder, ich kann mich nicht satt sehen, immer wieder kommen mir Tränen. Das Stück zwischen Santander und Bilbao habe ich gar nicht so bergauf und bergab in Erinnerung. Die Küste ist ja noch viel steiler!

Abends erreiche ich Bilbao.

Mit dem Bus fahre ich weiter zur Herberge. Wieder einmal laufe ich an ihr vorbei, wieder einmal werde ich zurückgerufen. In der Herberge ist kein Platz, dafür hat die Hospitalera mir auf Matten in der Turnhalle ein bequemes Bett hergerichtet. So viel Platz hatte ich in noch keiner Herberge – die Turnhalle für mich und drei Belgier. Die sind sehr an meinen Tipps interessiert, je mehr ich erzähle, umso mehr fällt mir ein. Geduldig hören die Drei zu. Der Regen prasselt die ganze Nacht auf das Glasdach, richtig heimelig, zu Hause schlafe ich auch unter dem Dach.

Nächste Nacht könnte ich in der Herberge schlafen, leider schlage ich das Angebot aus.

Sonntag, 01.06.

Ich glaube, ich bin im falschen Film

Ich rufe meinen Mann an, er soll für mich einen Termin beim Friseur vereinbaren und für eine osteopathische Behandlung. Ich lache über mich selber – meine Prioritäten sind klar gesetzt. Erst der Friseur, dann die Behandlung. 5 ½ Wochen die gleichen Klamotten an, notdürftig in gechlortem Wasser ausgewaschen, 5 ½ Wochen hat die gleiche Outdoor-Seife ihren Zweck auch zum Duschen und Haare waschen erfüllt – der Termin beim Friseur ist mehr als wichtig. Es wird aber auch höchste Zeit, dass ich etwas für meinen Fuß tue, er wird von Tag zu Tag dicker.

Den heutigen Tag gehe ich gemütlich an. Mein erster Weg führt mich zu Werken von Goya, Gaughin, Picasso und Dali ins Museum der Schönen Künste. Danach wartet das imposante Guggenheimmuseum mit einer Sonderausstellung von Dali, Miro und anderen auf. In den weitläufigen Räumen des Museums brauche ich nochmals eine Schmerztablette.

In der Stadt gibt es zwischenzeitlich Hochwasseralarm. Wenn es nicht aufhört zu regnen, wird der Fluss Nervion die Altstadt überfluten. In einer Bar lasse ich mir leckere Tapas und entgegen meinem Vorsatz einen letzten Orucho schmecken.

In der Turnhalle geht es zu; heute übernachten hier 16 Pilger. Von der Seite betrachtet, war Ende April trotz des vielen Regens ein guter Zeitpunkt für meinen Start, ich habe den Weg fast für mich allein gehabt.

Die junge Hospitalera hat ihren freien Sonntag genutzt, um liebevoll die Stockbetten zu streichen.

Diese Nacht finde ich trotz Ohrstöpsel nur schwer Schlaf. Ein englisches Pärchen hat neben mir die halbe Nacht unüberhörbar Sex. Ich glaube, ich bin im falschen Film.

Das Guggenheimmuseum

Montag, 02.06.

Es geht nach Hause

Das Frühstück nehme ich in belgischer Gesellschaft ein. Sie sind wegen des schlechten Wetters nicht weitergegangen. Gesten haben Pilger gekocht und das dreckige Geschirr einfach stehen lassen. Die Belgierin räumt entrüstet auf.

In der Santiago-Kathedrale stelle ich die letzten Kerzen auf. Für meine Familie und für meinen Sohn – heute erfährt er das Ergebnis seiner Abiturprüfung.

Auf einer Bank im Park hole ich den versäumten Schlaf nach und teile meinen letzten Müsliriegel mit den Tauben.

Am Flughafen erreicht mich Sebastians Anruf – triumphierend teilt er mir mit, dass seine Noten gut ausgefallen sind – „und das ganz alleine, ohne deine Hilfe. Danke für dein Vertrauen." Ich werfe einen letzten Blick auf die umliegenden Berge, irgendwo da haben die Flugzeuge vor viereinhalb Wochen über mir zur Landung angesetzt. Ein paar Stunden noch, dann bin ich wieder zu Hause.

Gott möge bei dir auf deinem Kissen ruhen,
dich schützend in seiner hohlen Hand halten.
Deine Wege mögen dich aufwärts führen,
freundliches Wetter begleite dir deinen Schritt,
und bis wir uns wieder sehen,
möge Gott seine schützende Hand über dir halten.

Altirischer Reisesegen

Epilog
Das letzte Teil des Puzzles

Wieder einmal war ich unterwegs – zu den Tempelanlagen von Angkor. Mein 50. Geburtstag erschien mir die willkommene Gelegenheit, mir die Erfüllung dieses Traums zu schenken. Vier Wochen war ich mit dem Rucksack unterwegs, und außer nach Kambodscha führte mich mein Weg über Nordthailand nach Laos.

Einen Tag vor Weihnachten zu Hause angekommen, fand ich eine E-Mail vor, dass mein Buch das Interesse eines Verlags geweckt hatte. Der Vertrag sollte mir in den nächsten zwei Wochen zugeschickt werden.

Hätten die „zwei Wochen" wirklich nur zwei Wochen gedauert, wäre dieser Epilog nicht möglich geworden.

Gott sei Dank verzögerte sich die Angelegenheit, und aus zwei Wochen wurden drei Monate. Das war eindeutig – die Ereignisse der letzten Zeit sollten meine Leser erreichen. Das Leben stellte die Weichen wieder einmal besser, als jede Planung es ermöglichen konnte.

Dass ich das vorliegende Buch meinem Sohn Florian gewidmet habe, hat einen besonderen Grund: Mein Sohn erkrankte vor sieben Jahren ebenfalls an einem insulinpflichtigen Diabetes. Mit diesem Buch will ich auch ihm Mut machen, dass, trotz dieser Erkrankung, alles in seinem Leben möglich ist. Das einzige „Werkzeug", das er dazu braucht, ist Glaube.

Nach jahrelang andauernden, erfolglosen Versuchen mit verschiedenen alternativen Behandlungsmethoden hatte ich die Hoffnung auf Heilung schon fast aufgegeben. Vor zwei Jahren war ich an einem Punkt angelangt, an dem ich sogar meine Praxis aufgeben wollte. Was sollte ich meinen Patienten denn erzählen, wenn sie mich fragten, ob ich ihnen helfen könnte? Nein, mir hat die Therapie nicht geholfen, aber bei ihnen wird sie es schon? Das geht nicht, ich muss voll und ganz dahinter stehen, überzeugt sein von dem, was ich mache.

Weder bei meinem Sohn noch bei mir ließ sich der Ausbruch von Diabetes verhindern, obwohl wir schon Jahre vorher alternativ behandelt worden waren. Da erschien mir die einzig richtige Konsequenz die Schließung meiner Praxis.

Das Einzige, von dem ich mit Sicherheit sagen konnte, dass es meinen Krankheitsverlauf positiv beeinflusst hatte, war Qi-Gong. Und das konnte ich ja trotzdem weiter unterrichten.

Doch das Leben stellte die Weichen wieder einmal ganz anders.

Zu diesem Zeitpunkt stolperte ich über eine ganz neue Therapieform – das Neurologische Integrationssystem. Bereits nach meiner ersten Behandlung konnte ich meiner Schilddrüse beim Schrumpfen zusehen. Fünf Tage später hatte ich einen Kontrolltermin beim Endokrinologen, und meine Beobachtung wurde bestätigt. Meine Schilddrüse war deutlich kleiner geworden. Heute ist sie mit 18 ml Volumen annähernd normal groß.

Ich war begeistert und beschloss, die Ausbildung in diesem Therapieverfahren zu absolvieren. Leicht war mir diese Entscheidung nicht gefallen – wochenlang konnte ich nicht schlafen. Für meinen Mann war es klar. „Natürlich machst du das!", sagte er, und letztendlich siegte das Feuer, das ich gefangen hatte.

Bereits nach meinem ersten Kurs war mein Sohn mein erster Patient. Dass durch Integration beider Gehirnhälften unter anderem die Konzentration gebessert wird, erschien ihm, kurz vor seinem Abitur, als rettender Strohhalm. Außerdem wollte er mir beweisen, dass dieser neue „Blödsinn", den ich mache, nichts bringt.

Ein knappes Jahr lang behandelte ich ihn immer wieder, teilweise in größeren Abständen. Dann begannen seine Blutzuckerwerte weiter zu fallen. Auch immer weitere Reduktionen seines Insulinbedarfs konnten Unterzuckerungen nicht verhindern.

Kurzentschlossen setzte Florian sein Insulin ganz ab, und es funktioniert – seit Wochen spritzt er sich kein Insulin mehr und hat dabei normale Blutzuckerwerte. Der letzte HBA1C-Wert vor ein paar Tagen war mit 5,4 so niedrig wie noch nie. In dieser Phase behandelte ich meinen Sohn dann wiederholt in kürzeren Zeitabständen. Es kam mir vor wie bei einem Motor, der jahrelang stillgestanden war und dann, nach der Reparatur, unter Stottern wieder angefahren wird. Nach jeder Behandlung waren seine Werte für ein bis zwei Tage leicht erhöht, um sich dann wieder im grünen Bereich einzupendeln. Und von mal zu mal glich sein Blutzuckerprofil mehr dem eines Gesunden.

Das konnte nur eintreten, weil ich als seine Behandlerin an diese Möglichkeit glaubte. Und dadurch, dass ich daran glaube, kann das bei mir selber auch Wirklichkeit werden. Zumindest ist das meine Überzeugung. Es blieb spannend!

Ich dachte an die Gitarristin, die ich auf meinem Pilgerweg seinerzeit in Potes kurz vor Santo Toribio getroffen hatte. Sie erzählte mir von einer Diabetikerin, die geheilt worden war. Damals war mir die Geschichte unglaublich erschienen. Jetzt hatte ich keinen Zweifel mehr an der Richtigkeit dieser Aussage. „Die Liebe Jesu kann dich gesund machen, du musst nur daran glauben. Ich werde für dich beten" waren ihre Worte.

Wunder passieren jeden Tag, du musst nur daran glauben. Gottes Wege sind wunderbar – diese Worte sind durch die Geschehnisse in meinem Leben für mich mit tiefem Sinn erfüllt.

Informationen zum Neurologischen Integrationssystem auf der nachfolgenden Seite oder unter www.naturheilpraxis-suckow.de und bei der Neurolog-Akademie für angewandte Neurowissenschaft unter www.neurolog.de.

Das Neurologische Integrationssystem (NIS) nach Dr. Allan Phillips D.O. von Dr. med. Philip Eckardt, Gründer und Leiter der Neurolog-Akademie für angewandte Neurowissenschaft:

Dr. Phillips fragte sich vor 30 Jahren, warum Patienten immer wieder mit den gleichen Beschwerden kamen, oder warum eine Behandlung erst gar nicht half. Antworten fand er erst, als er sich eingehend mit dem Nervensystem beschäftigte, ein in vielen Disziplinen der Medizin nicht berücksichtigtes Körpersystem. Da es alle Körperfunktionen steuert, musste es etwas mit den Symptomen der Patienten zu tun haben. 30 Jahre später reist er immer noch durch die Welt, um Ärzte und Therapeuten das von ihm entwickelte System zur Untersuchung und Behandlung des Nervensystems zu lehren.

Beim NIS geht es nie um das erkrankte Körpersystem allein, sondern immer um die Frage, welche Steuerungsfunktion des Nervensystems dazu geführt hat, dass es in einem Körperteil zu Störungen kommen konnte. Es wird also nicht das erkrankte Organ isoliert betrachtet, sondern immer als ein Teil des gesamten Organismus, eingebettet in ein komplexes Netzwerk, dessen Steuerung und Koordination durch das Nervensystem erfolgt. Die Grundlage für die Steuerung eines Organs sind Informationen aus der Umwelt und Informationen über den aktuellen Funktionszustand des Körpers im Inneren. Dafür muss das Gehirn mit allen Körpersystemen und mit der Außenwelt ohne Störung kommunizieren können. Die ungestörte Informationsverarbeitung und -übertragung durch das Nervensystem ist die Voraussetzung für eine optimale und gesunde Anpassung an die Umwelt. Deshalb kann der Mensch niemals als etwas Getrenntes von seiner Umwelt betrachtet werden.

Dr. Phillips entwickelte in den letzten 30 Jahren eine Reihe neurologischer Tests zur Untersuchung der Funktion des Nervensystems, welche alle aufeinander aufbauen und sich gegenseitig bedingen. Die isolierte Betrachtung einzelner gestörter Organe ist dabei nicht vorgesehen, da nicht sinnvoll. Das Geniale an NIS ist nicht nur die sehr spezifische Untersuchung des Nervensystems, sondern auch die Behandlung, die allein darauf beruht, dass ein gestörter Regulationskreis nur manuell stimuliert werden muss, damit er seine optimale Funktion wiederherstellt. Das Wissen über die komplexen Zusammenhänge gepaart mit der Einfachheit der Behandlung macht NIS zu einer Medizin des 21. Jahrhunderts.